教師のための対人関係トレーニングサポート集

TTST

発達障害のある子供への対人関係トレーニングに
取り組む教師を支援

宮田 愛 著

発刊に寄せて

広島大学大学院教育学研究科　准教授　竹林地 毅

　小学校特別支援学級（自閉症・情緒障害）で、自分の周囲で起こったことを発表する授業を参観した。児童は発声や姿勢などの「めあて」の行動をカードで確認し、教師がカードを掲示していった。児童が発表すると教師はカードに花丸を付けていった。相互評価を促す問いかけもあった。一人だけ促されても発表しようとしない児童がいた。周囲の児童も誘ったが、発表しなかった。しかし、授業の終わりの挨拶の直後、その児童は自分の「めあて」カードに花丸を付け始めた。全部のカードに花丸を付けて、他の児童にも見るように促した。「やってみたいけど、うまくできる自信がない。でも、花丸を付けて欲しい。」という児童の心の声が聞こえてきた。

　中学校特別支援学級（自閉症・情緒障害）で、学校の近くの高齢者デイサービス施設に行って、利用者との活動を考える授業を参観した。過去の校内の教師を招待して、飲物のサービス、歌の披露等をしてきた経験を生かし、拡げていく企画だった。利用者の年齢、嗜好、運動能力を想定し、自分ができることや協力したらできることを議論していった。3年生が1年生に自分の経験を語り、発言を促していた。他の生徒の意見を受け止め、異なる視点を示す等、理由を述べながら自分の意見を言う様子に、唯々、感動しながら参観した。計画のあらましができあがると、期せずして、生徒と授業者、参観者から拍手が起こった。地元のプロ野球選手がインタビューでよく言う「最高です！！」という生徒の心の声が聞こえてきた。生徒は過去の経験（学習）から、自分は努力することができ、結果を出すことができるという効力感を持っていることが確信できた。自分と向き合おうとしている生徒と接する授業者がうらやましくなった。

　対人関係に関することを目標、指導内容とする授業を参観していると、人間関係づくりの基盤には、児童・生徒の「自分を見守る存在への安心感」「努力することにより成長できる自分への自信」が重要なのだと思うことが多い。また、実体験を積み重ねていくなかで、着実な成長へと児童・生徒を導く授業者の指導力に心が震える思いをする。自分も努力したいと強く思う。

　本書には、実践の道標となる具体的な指導内容・方法が紹介されているが、同僚性・協働性・深いコミュニケーションがある学校のなかで、著者の宮田愛先生のなかに醸成されていった児童・生徒へのまなざしと教育的信念や、実践を省み、客観的に分析していかれた研究の営みも伝わることを願っている。

まえがき

　特別支援学校では、軽度の知的障害のある子どもや、知的障害を伴う発達障害のある子どもの在籍者数が全国的に増えています。その理由として、特別支援教育への理解が進んだことや、子どもたちの自立と社会参加に向けて、一人一人の実態に応じた、きめ細やかな特別支援教育の指導・支援へのニーズが高まっていることなどが挙げられます。

　このような「特別支援学校への期待」に応えるために、特別支援学校の教師たちは子どもたちの実態に応じて、オーダーメイドでジャストフィットの指導に日々取り組んでいます。しかし、軽度の知的障害のある子どもや、知的障害を伴う発達障害のある子どもへの指導内容に関する系統的な指標がないため、教師たちは試行錯誤しながら指導にあたっている現状があります。

　私は、教師1年目は特別支援学校の知的障害教育部門高等部の担任でした。その1年間は、教科・領域を合わせた指導の「職業」を担当することになり、何をどのように指導すればよいのかわからず、非常に悩んだ経験があります。小・中学校及び高等学校には、教科書や指導書があります。しかし、特別支援学校に指導書はありません。教科用図書はありますが、自作教材等を併用しなければ、実態の異なる子どもたちへの指導は難しいのです。

　対人関係や社会のルールなどは、成長とともに自然に、なんとなく身に付く人も多い一方で、子どもの実態に応じて丁寧に指導しなければ身に付けることが難しい子どもたちもいます。「職業」の授業では、就労に向けた指導として、対人関係の力の向上や社会のルールを身に付けさせることをねらいとした内容がありましたが、参考にできる資料や指導のモデルとなる先生も身近におらず、どのようにして指導したらよいのかと、日々手探りでした。先輩の先生に相談したいけれど、忙しそうにしているから、なかなか聞けない…そのような思いをされている先生方も少なくないのではないでしょうか。

　その後も、高等部段階でどのように指導することが効果的なのかと悩みながら、知的障害特別支援学校高等部で経験を重ねていく中で、自立と社会参加をするために対人関係の力を身に付けさせることの大切さを強く感じ、教師にとって「これがあれば安心」「あったら助かる！」というような指導事例集がほしいと考えるようになりました。

　そんな中、平成28年度に、東京都教育委員会で研究をする機会をいただきました。研究主題「特別支援学校の生徒の対人関係の力を向上させるための指導法の開発と検証」の中では、知的障害教育部門高等部が設置されている都立の特別支援学校29校の先生方に対し、「先生たちが指導の必要性を感じているものの、指導が難しいと感じ

ている内容」などについてのアンケート調査を行いました。その結果、「対人関係に関する指導」に対して困難さを感じている教師が非常に多いことがわかりました。この調査にご協力いただいた先生方には、「対人関係に関する指導」を実践して効果的だった事例を教えていただいたり、また、私自身が実践して一定の成果が出た実践内容や、先行研究及び文献等で有効だと考えられる事例を整理したりして、本書の「指導事例」が出来上がりました。

「指導事例」の内容は、当初は指導のターゲットを知的障害特別支援学校高等部の生徒としていましたが、小学校や中学校の特別支援学級や一部の高等学校でも活用できる内容にブラッシュアップをし、多くの先生方に活用していただけるものになっています。小学校や中学校では、1学級に約6.5%程度の割合で支援を必要とする児童・生徒が在籍していると言われています。この「6.5%」の子どもたちを含め、「誰もがわかる指導」をするには、ユニバーサルデザインの視点で授業改善を行う必要があります。本書の「指導事例」は、通常の学校でも活用していただけるものです。

また、「経験年数の浅い先生にも活用しやすい事例集」をイメージして作成しています。指導の際のポイントや留意点をイラストや吹き出しなどで示していますので、実際に活用される先生方へのアドバイスと思って読んでいただけたらと思います。ワークシートも巻末に収録していますのでご活用ください。

最後に、平成28年度に1年間にわたり指導をしてくださった東京都教育委員会に感謝を申し上げます。特に、研究主題「特別支援学校の生徒の対人関係の力を向上させるための指導法の開発と検証」の研究に1年間取り組むにあたり、きめ細やかに指導をしてくださった村上卓郎先生、吉池久先生のお力がなければ、本書は完成しませんでした。指導事例の全てを丁寧に見てくださり、共に研究に取り組んでいただきました。平成29年度の日本特殊教育学会では、目標としていたポスター発表を行うことができ、更に内容を改善・充実させることができました。心から感謝しております。また、専門的知識を以てご指導くださった奥住秀之先生、広島大学で本書の基になる事例集を用いた講座を開講し、講演をさせてくださった竹林地毅先生、本当にありがとうございました。

そして、本書の良さを理解してくださり、出版に至るまで御尽力くださった村山孝校長先生に、心から御礼申し上げます。

アンケート調査にご協力いただいた先生方にも感謝申し上げます。

たくさんの先生方の知識、アイデアなどが詰まった指導事例です。子どもたちが将来、自立して社会参加を果たす姿を早い時期からイメージし、切れ目のない指導を実現するために、本書が役に立つことを願っています。

平成31年1月

東京都立府中けやきの森学園　主幹教諭　宮田 愛

目次 教師のための対人関係トレーニングサポート集 ＴＴＳＴ

発刊に寄せて （広島大学大学院教育学研究科　准教授　竹林地 毅）　……………………… 3

まえがき　……………………………………………………………………………… 4

第1章 ＴＴＳＴ理論編　―障害のある子供とＴＴＳＴの活用―

1　発達障害のある子供たちを取り巻く現状　…………………………… 12

2　「生活適応支援チェックリスト」及び
　　「対人関係トレーニングサポート集（ＴＴＳＴ）」の開発　………… 13

3　ＴＴＳＴの構成　………………………………………………………… 14

4　ＴＴＳＴ活用の実際　…………………………………………………… 15

5　活用の際のヒント　……………………………………………………… 16

使い方ガイド　……………………………………………………………… 17

生活適応支援チェックリスト（自己評価用）　………………………… 19

生活適応支援チェックリスト（他者評価用）　………………………… 21

ＴＴＳＴ 一覧表　………………………………………………………… 23

第2章 ＴＴＳＴ実践編

ＴＴＳＴ事例（人間関係の形成の内容に応じた力）　………………………… 26

ＴＴＳＴ事例（人間関係の形成の基礎となる力 / 健康の保持の内容に応じた力）　……… 28

指導事例

A 他者とのかかわりの基礎に関すること

事例Ａ－1（1）　「なぜお礼を言うのか考えよう」　……………………… 30

事例Ａ－1（2）　「お礼を言うタイミングを知ろう」　…………………… 31

事例Ａ－1（3）　「自分からお礼を言おう」　……………………………… 32

事例Ａ－2（1）　「他者を意識する体験をしよう」　……………………… 33

事例Ａ－2（2）　「友達と会話をすることの良さに気付こう」　………… 34

事例Ａ－2（3）　「ペアで作業に取り組もう」　…………………………… 35

事例Ａ－3（1）　「意見を一つにまとめよう」　…………………………… 36

事例A－3（2）	「他者と折り合いをつけよう」	37
事例A－3（3）	「注意や助言を受け止めよう」	38
事例A－4（1）	「ルールを理解しよう」	39
事例A－4（2）	「ルールを守ろう」	40
事例A－4（3）	「ルールを作ろう」	41
事例A－5（1）	「上手な断り方を覚えようⅠ」	42
事例A－5（2）	「上手な断り方を覚えようⅡ」	43
事例A－5（3）	「相手の気持ちを考えて断ろう」	44

B 他者の意図や感情の理解に関すること

事例B－6（1）	「聞き方上手になろう」	45
事例B－6（2）	「話す、聞くルールを守ろう」	46
事例B－6（3）	「インタビューをしよう」	47
事例B－7（1）	「他者の気持ちを考えよう」	48
事例B－7（2）	「他者の気持ちを読み取ろうⅠ」	49
事例B－7（3）	「他者の気持ちを読み取ろうⅡ」	50
事例B－8（1）	「先輩との上手な話し方を知ろう」	51
事例B－8（2）	「丁寧な言葉で話そう」	52
事例B－8（3）	「場面に応じた言葉を選ぼう」	53
事例B－9（1）	「他者との距離を考えようⅠ」	54
事例B－9（2）	「他者との距離を考えようⅡ」	55
事例B－9（3）	「SNSを用いた友達との付き合い方を考えよう」	56
事例B－10（1）	「雑談をしよう」	57
事例B－10（2）	「冗談について考えようⅠ」	58
事例B－10（3）	「冗談について考えようⅡ」	59

C 自己の理解と行動の調整に関すること

事例C－11（1）	「適切な行動ができるようになろうⅠ」	60
事例C－11（2）	「適切な行動ができるようになろうⅡ」	61
事例C－11（3）	「適切に報告、連絡、相談をしよう」	62
事例C－12（1）	「正確に伝えよう」	63
事例C－12（2）	「自己表現をしよう」	64
事例C－12（3）	「プレゼンをしよう」	65

事例C－13（1）「気持ちを把握しよう」 ……………………………………………… 66

事例C－13（2）「気持ちを切り替えよう」 ……………………………………… 67

事例C－13（3）「感情をコントロールしよう」 ………………………………… 68

事例C－14（1）「ストレス解消法を知ろうⅠ」 ………………………………… 69

事例C－14（2）「ストレス解消法を知ろうⅡ」 ………………………………… 70

事例C－14（3）「ストレスと上手に付き合おう」 ……………………………… 71

事例C－15（1）「自分について知ろう」 ………………………………………… 72

事例C－15（2）「私の説明書を作ろう」 ………………………………………… 73

事例C－15（3）「自分について話そう」 ………………………………………… 74

D 集団への参加の基礎に関すること

事例D－16（1）「自分の役割を果たそう」 ……………………………………… 75

事例D－16（2）「マニュアルを見て取り組もう」 ……………………………… 76

事例D－16（3）「自分の知らない良いところを知ろう」 ……………………… 77

事例D－17（1）「交代しながら話そう」 ………………………………………… 78

事例D－17（2）「会話のルールを身に付けよう」 ……………………………… 79

事例D－17（3）「話し合おう」 …………………………………………………… 80

事例D－18（1）「スケジュール帳を活用しよう」 ……………………………… 81

事例D－18（2）「スケジュール管理をしようⅠ」 ……………………………… 82

事例D－18（3）「スケジュール管理をしようⅡ」 ……………………………… 83

事例D－19（1）「約束について考えよう」 ……………………………………… 84

事例D－19（2）「約束を守るためにメモをしよう」 …………………………… 85

事例D－19（3）「約束の大切さを考えよう」 …………………………………… 86

事例D－20（1）「周囲に助けてもらおう」 ……………………………………… 87

事例D－20（2）「自ら質問しよう」 ……………………………………………… 88

事例D－20（3）「タイミングよく質問しよう」 ………………………………… 89

E 自己理解

事例E－21（1）「自己紹介をしようⅠ」 ………………………………………… 90

事例E－21（2）「自己紹介をしようⅡ」 ………………………………………… 91

事例E－21（3）「自分のことを相手に伝えよう」 ……………………………… 92

事例E－22（1）「自分の長所を知ろう」 ………………………………………… 93

事例E－22（2）「ネガティブをポジティブに変えよう」 ……………………… 94

事例E－22（3）「長所と短所を説明しよう」 ……………………………… 95

事例E－23（1）「他者とコミュニケーションを深めよう」 ……………… 96

事例E－23（2）「自分の大切なものを伝え合おう」 …………………… 97

事例E－23（3）「他者とやりとりをしよう」 …………………………… 98

事例E－23（4）「他者紹介をしよう」 …………………………………… 99

F 身だしなみ

事例F－24（1）「身なりを整えよう」 …………………………………… 100

事例F－24（2）「身なりのアドバイスをしよう」 ……………………… 101

事例F－24（3）「理想の大人になろう」 ………………………………… 102

事例F－25（1）「制服を着こなそう」 …………………………………… 103

事例F－25（2）「身だしなみについて考えようⅠ」 …………………… 104

事例F－25（3）「身だしなみについて考えようⅡ」 …………………… 105

事例F－26（1）「素敵な社会人になろうⅠ」 …………………………… 106

事例F－26（2）「素敵な社会人になろうⅡ」 …………………………… 107

事例F－26（3）「TPPO に合わせた服装選びをしよう」 ……………… 108

G 障害の特性の理解と生活環境の調整に関すること

事例G－27（1）「自己理解を深めよう」 ………………………………… 109

事例G－27（2）「自分にとって困難なことを知ろう」 ………………… 110

事例G－28（1）「自信がもてるようになろう」 ………………………… 111

事例G－28（2）「自分にとって必要な支援を求めよう」 ……………… 112

ワークシート

事例A－1（1）「なぜお礼を言うのか考えよう」 ……………………… 114

事例A－3（3）「注意や助言を受け止めよう」 ………………………… 115

事例A－5（3）「相手の気持ちを考えて断ろう」 ……………………… 116

事例B－7（1）「他者の気持ちを考えよう」 …………………………… 117

事例C－11（1）「適切な行動ができるようになろうⅠ」 ……………… 118

事例C－11（2）「適切な行動ができるようになろうⅡ」 ……………… 119

事例C－13（1）「気持ちを把握しよう」 ………………………………… 120

事例C－13（2）「気持ちを切り替えよう」 ……………………………… 121

事例C－13（3）「感情をコントロールしよう」 ………………………… 122

事例C－14（2）「ストレス解消法を知ろうⅡ」 …………………………………… 123

事例C－15（2）「私の説明書を作ろう」 ………………………………………… 124

事例C－17（1）「交代しながら話そう」 ………………………………………… 125

事例D－19（3）「約束の大切さを考えよう」 …………………………………… 126

事例E－22（3）「長所と短所を説明しよう」 …………………………………… 127

事例F－24（1）「身なりを整えよう」 …………………………………………… 128

事例F－24（2）「身なりのアドバイスをしよう」 ……………………………… 129

事例F－24（3）「理想の大人になろう」 ………………………………………… 130

事例F－25（3）「身だしなみについて考えようⅡ」 …………………………… 131

事例F－26（1）「素敵な社会人になろうⅠ」 …………………………………… 132

事例F－26（2）「素敵な社会人になろうⅡ」 …………………………………… 133

参考文献 ……………………………………………………………………………… 134

あとがき（東京学芸大学教育学部　教授　奥住秀之）……………………………… 135

著者プロフィール …………………………………………………………………… 137

第1章

ＴＴＳＴ理論編

発達障害のある子供と
ＴＴＳＴの活用

1 発達障害のある子供たちを取り巻く現状

（1）自己理解と合理的配慮

「平成 21 年度　国立特別支援教育総合研究所　研究成果報告書」の調査結果によると、特別支援学校の学部別在籍者数は、高等部が最も増加している傾向にあります。さらに詳しく見ていくと、軽度から中度の障害のある子供の増加率が高い状況にあり、特別支援学校に在籍する発達障害のある児童・生徒数は、全国的に増加していることがわかります。

　発達障害のある児童・生徒は、相手の意図や感情の理解及び自己理解が困難で、相手の気持ちを考えて話をすることが難しい、といった対人関係における課題があると言われています。このような障害の状態による困難さの改善を図るために、特別支援学校学習指導要領では、知的障害特別支援学校における「自立活動」の指導を、各教科等の指導と関連付けて行うこととされています。特設の自立活動の時間がない場合でも、各教科の指導と関連付けて指導したり、教育活動全体を通じて行ったりすることが効果的であるとされています。

　しかし、知的障害特別支援学校普通科では、特設の自立活動の時間を設定していないことが多く、「各教科等の指導と関連付けて行う」と言っても、「どうするの？」と首をかしげる先生方は少なくありません。知的障害特別支援学校高等部に在籍する、発達障害のある生徒の指導内容・指導方法に関する系統的な指標はなく、教師は個々の実態に応じて試行錯誤しながら日々の指導を行っているという実態があります。

　また、中央教育審議会答申「今後の学校におけるキャリア教育・職業教育の在り方について」（平成 23 年 1 月 31 日）では、障害のある生徒について、自立や社会参加に向けてソーシャルスキルトレーニングの導入等、適切な指導や支援の必要性が指摘されています。

　これらのことを踏まえ、今日的な課題である発達障害のある児童・生徒に対する合理的配慮及び個々の実態に応じた指導等の基礎的環境整備の充実のためには、自己理解に基づく対人関係の力を向上させる必要があります。

（2）新学習指導要領における自立活動の指導

　平成 30 年 3 月公示の「特別支援学校教育要領・学習指導要領解説　自立活動編」では、自立活動の内容の 6 区分 26 項目から 1 項目追加されて 27 項目に改訂されました。追加された項目は、「障害の特性の理解と生活環境の調整に関すること」です。これは、「自己の障害にどのような特性があるのか理解し、それらが及ぼす学習上又は生活上の困難についての理解を深め、その状況に応じて、自己の行動や感情を調整したり、他

者に対して主体的に働きかけたりして、より学習や生活をしやすい環境にしていくことを意味している」とあります。このことから、自己理解を深め、自分にとって必要な支援を理解し、援助要求ができること、そして合理的配慮の提供を受けながら自立と社会参加を果たすことを目指す、ということが大切であると考えます。

　また、平成29年3月告示の小学校学習指導要領・中学校学習指導要領では、特別支援学級の特別の教育課程として、「障害による学習上又は生活上の困難を克服し自立を図るため、特別支援学校小学部・中学部学習指導要領第7章に示す自立活動を取り入れること」、通級による指導と通級による指導の特別の教育課程として、「特別支援学校小学部・中学部学習指導要領第7章に示す自立活動の内容を参考とし、具体的な目標や内容を定め、指導を行うものとする。その際、効果的な指導が行われるよう、各教科等と通級による指導との関連を図るなど、教師間の連携に努めるものとする」と新たに示されました。

　また、東京都では、平成30年度から高等学校において通級による指導が始まりました。小学校や中学校においても、支援を必要とする子供たちが在籍していることを踏まえ、ユニバーサルデザインの視点での授業改善などに取り組んでいる学校が増えています。

　このように、これからは特別支援学校だけでなく、全ての学校において特別支援教育を推進していくことが求められており、合理的配慮の提供を受けるためには、障害者が自らで必要な援助を相手に伝える力が必要です。そしてその力を付けるためには、特別支援学校高等部からではなく、小学校または特別支援学校小学部段階から取り組み始めることが大切です。

2 「生活適応支援チェックリスト」及び 「対人関係トレーニングサポート集（TTST）」の開発

　そのような中、平成28年度、東京都教育委員会において「特別支援学校の生徒の対人関係の力を向上させるための指導法の開発と検証」の研究に取り組む機会をいただきました。その研究をとおして、「教師の指導をサポートする事例集があれば、先生方が助かるのではないか」と考え、児童・生徒の対人関係における課題を教師が把握し、系統的に指導を行うための「生活適応支援チェックリスト」と「対人関係トレーニングサポート集（TTST）」（以下、TTSTとする）を開発しました。「生活適応支援チェックリスト」は、児童・生徒の対人関係における個々の課題を明らかにし、「TTST」は、発達障害のある子供の個々の課題に応じた指導内容と指導方法を理解し、実践するための指標の一つとして活用できます。

　特別支援学校学習指導要領解説自立活動編において、自立活動の内容は6つに区分されており、その一つに「人間関係の形成」が位置付けられています。この「人間関係の

形成」には、対人関係に関することと自己理解・他者理解に関する内容が示されており、発達障害のある多くの子供たちの困難を改善、克服するための指導内容として考えられています。そこで、「人間関係の形成」に着目し、「人間関係の形成」の４項目を基準にして系統的に整理し、「生活適応支援チェックリスト」と「ＴＴＳＴ」を作成しました。

3 ＴＴＳＴの構成

　本書は、大きく分けて「生活適応支援チェックリスト」と「ＴＴＳＴ」で構成されています。「生活適応支援チェックリスト」で明らかになった児童・生徒の課題を克服するために「ＴＴＳＴ」の実践事例を活用して指導を行います。セットで活用していただくことで、より効果的に児童・生徒の対人関係の力を身に付けさせることができます。詳しくは、「使い方ガイド」（p.17）をご覧ください。

（1）「生活適応支援チェックリスト」
　「生活適応支援チェックリスト」は、教師が生徒個々の課題を明らかにできるように、ある東京都立特別支援学校就業技術科で活用されているチェックリストを参考にして作成したものです。その際、都立特別支援学校（29校）の先生方へ実施した、生徒の対人関係に関する調査研究の結果を踏まえるとともに、「教育課程編成基準・資料」（平成22年、東京都教育委員会）の内容を精査して項目を設定しました。具体的には、自立活動の６区分の一つである「人間関係の形成」における「自他の理解を深め、対人関係を円滑にし、集団参加の基盤を培う観点」に示されている４つの内容と、「自己理解」と「身だしなみ」及び、自立活動の６区分の一つである「健康の保持」における「障害の特性の理解と生活環境の調整に関すること」に示されている内容を加えた７つの観点で、全28項目のチェック項目を設定しました。「自己理解」を図るためには、自己を客観視することが重要です。
　チェックリストは全部で28項目ありますが、児童・生徒の個々の実態に応じて、項目数を減らして活用していただくこともできます。また、児童・生徒にとってチェックリストの項目の文章表現が難しい場合は、平易な表現に変えてご使用ください。ただし、項目の内容はエビデンスに基づいて作成していますので、変更せずにご使用ください。学習集団全体の課題が明らかであれば、チェックリストを使用した後でなくても、その課題を改善させるために活用していただけます。

（2）「ＴＴＳＴ」
　「ＴＴＳＴ」は、「ＴＴＳＴ　一覧表」「ＴＴＳＴ　目次」「指導事例」「ワークシート」で構成されています。

① 「ＴＴＳＴ　一覧表」

「生活適応支援チェックリスト」の 28 項目を表にしたものです。28 項目それぞれの内容に対し、なぜその力を育ませるのが難しいのかを示しています。

② 「ＴＴＳＴ　目次」

28 項目に対する指導事例を 2～4 ずつ挙げています。1 つの事例を 3 段階で示しており、児童・生徒の実態等に応じて、段階的に指導できるようにしています。また、平成 30 年 3 月告示の特別支援学校教育要領・学習指導要領解説自立活動編で改訂された内容として、「健康の保持」の中の項目の一つ「障害の特性の理解と生活環境の調整に関すること」があります。この改訂内容に対応し、「目次」の最後に自立活動の 6 区分の一つ「『健康の保持』の内容に応じた力」として、2 項目 4 事例を新たに掲載しています。この 4 事例は、別の項目の事例を発展させた内容となっており、筆者自身の実践や、他の教師の実践の中で指導効果が上がった事例を盛り込みました。

新学習指導要領の内容を踏まえ、「自己理解を深める」「自分の特性を理解する」「実際の場面で援助要求ができる」ことをねらいとした指導事例を掲載しました。

4 ＴＴＳＴ活用の実際

（1）活用のための手順

ＴＴＳＴを活用した指導は、以下の手順で行います。

> ① 「生活適応支援チェックリスト」を用いて、自己評価・他者評価をする（4 段階評価）
> ② ①の自己評価・他者評価を比較する
> ③ 自己評価と他者評価で「評価がズレている項目」にチェックを入れる
> ④ ③をもとに、課題を克服するために活用する指導事例を「ＴＴＳＴ 目次」から選択する
> ⑤ 選択した指導事例を参考にして指導を実施する
> ⑥ 指導事例にワークシートが示されている場合は、ワークシートを適宜活用する

① 「生活適応支援チェックリスト」を用いて、自己評価・他者評価をする

まず、児童・生徒が「生活適応支援チェックリスト」で自己評価（p.19）を行います。それと同時に教師が他者評価（p.21）を行います。チェック項目は 28 項目あり、それぞれ 4 段階（4：できる　3：だいたいできる　2：少しむずかしい　1：むずかしい）で評価します。

他者評価は、自己評価をする力が身に付いていなければ難しいため、特別支援学校では教師が行うことが望ましいです。しかし、小学校や中学校、高等学校において他者評価が可能であると判断できる場合は、子供同士で評価し合うことも可能です。むしろ、教師からの評価より友達からの評価の方が受け入れやすい子供もいます。

② ①の自己評価・他者評価を比較する

次に、児童・生徒は「生活適応支援チェックリスト」の自己評価と他者評価の各項目を比較します。

③　**自己評価と他者評価で「評価がズレている項目」にチェックを入れる**

自己評価と他者評価の評価がズレている項目にチェックを入れます。チェックが複数あった場合は、児童・生徒と教師とで相談しながら優先的に取り組む課題を決定します。

④　**③をもとに、課題を克服するために活用する指導事例を「ＴＴＳＴ　目次」から選択する**

「ＴＴＳＴ　一覧表」「ＴＴＳＴ　目次」は、チェックリストと対応しています。例えば、チェックリストの課題が「Ｂ－６」である場合、「ＴＴＳＴ　目次」の「Ｂ－６」にある３つの指導事例の中から、学習集団の実態に応じた適切な指導事例を選択して指導します。

⑤　**選択した指導事例を参考にして指導を実施する**

④で選択した「指導事例」を参考に、指導を実施します。

「指導事例」は、学習指導案の略案をイメージして作成しています。「導入」「展開」「まとめ」という構成ですが、時間の配分はあえて入れていません。１コマの授業だけでなく、朝や帰りの時間、ホームルームで余った時間など、短時間で実践できる場合もあります。

⑥　**指導事例にワークシートが示されている場合は、適宜活用する**

ワークシートを使った指導事例である場合、そのワークシートは巻末に 20 種掲載していますので、コピーしてお使いください。また、ワークシートを作成する際の参考にするなど、適宜ご活用ください。

５　活用の際のヒント

特別支援学校や特別支援学級では個別の指導を行いやすい環境にあり、学習集団もあまり大きくないことがほとんどであるため、児童・生徒の実態や課題に応じて指導を行いやすいです。その一方で、小学校や中学校では、学習集団が大きいこと、また個別に抜きだしの指導を行うことが難しい状況にあることから、様々な課題のある児童・生徒のどこに焦点を置いた授業をすればよいのか、難しい場合があります。その場合は、学習集団のチェックリストの結果から、「多くの児童・生徒の課題として考えられる」または「課題のある傾向にある」と指導者が判断した項目の指導を行ってみてください。

また、通級による指導を受けている児童・生徒に指導を行う際は、担任と通級の担当者とで児童・生徒の課題を共有し、「生活適応支援チェックリスト」と「ＴＴＳＴ」を効果的に活用してください。

注　意!!

● 「生活適応支援チェックリスト」と「ＴＴＳＴ」は、セットでご活用ください。

● 28 項目の内容はエビデンスに基づいて作成しています。変更せずにご使用ください。

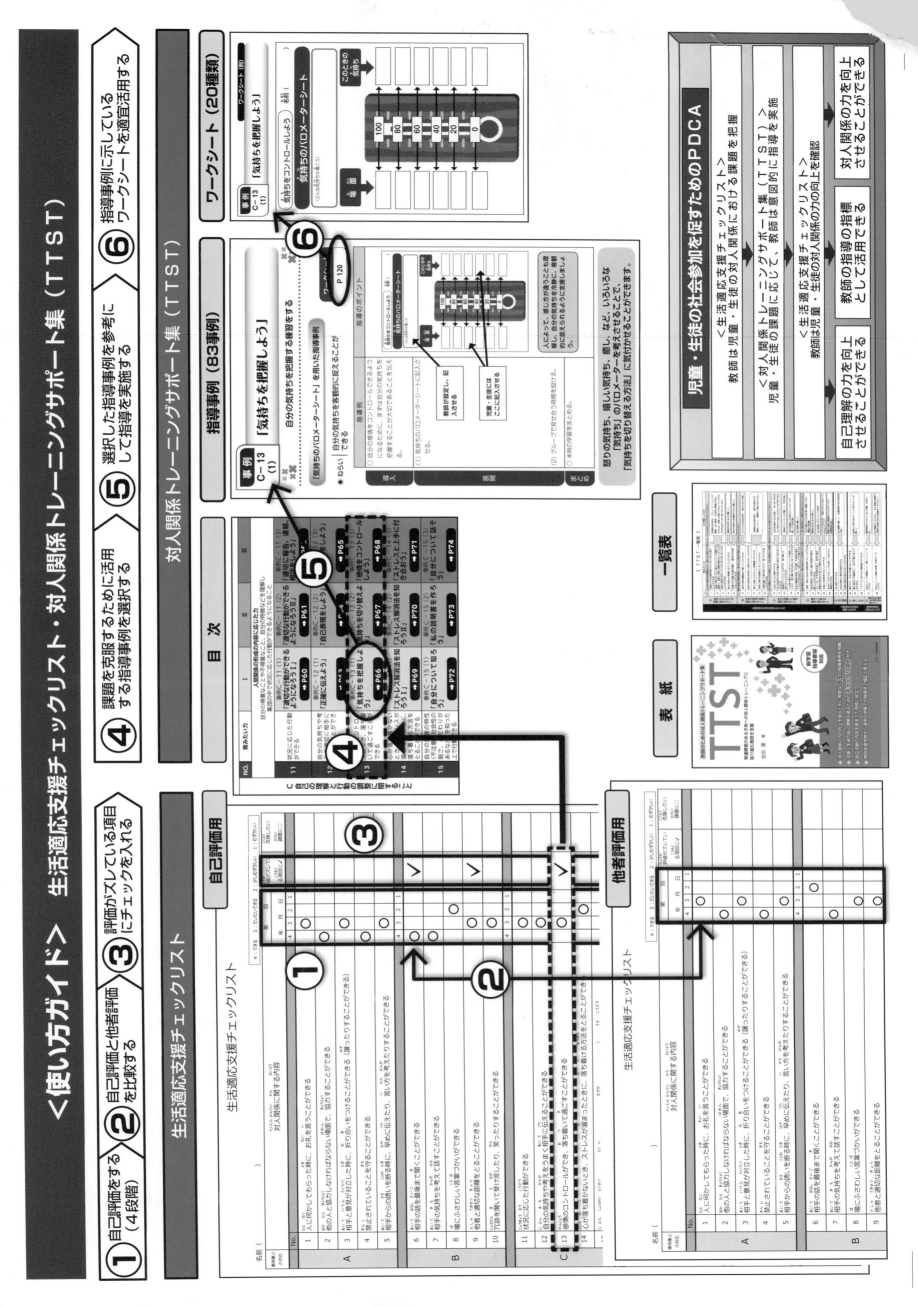

自己評価用

生活適応力支援チェックリスト

名前（　　　　　　　　　）（　　　　　　）

4：できる　3：だいたいできる　2：少しできない　1：ほとんどできない

対人関係に関する内容	No.	項目	4	3	2	1
A	1	人に会ったときに、挨拶をすることができる				
	2	他の人とかかわりがなくても、場所で過ごすことができる				
	3	相手と意見が一致した時に、折り合いをつけることができる（譲ったりできる）				
	4	禁止されていることを我慢することができる				
	5	相手からの誘いを断る時に、角を立てずに、言い方を考えることができる				
B	6	相手の話を最後まで聞くことができる				
	7	相手の気持ちを考えて話すことができる				
	8	場に応じた適切な言葉づかいができる				
	9	他者と適切な距離を保つことができる				
	10	指示を聞いて受け止めした上で、実行することができる				
C	11	状況に応じた行動ができる				
	12	自分の気持ちや考えを、相手に伝えることができる				
	13	感情のコントロールで、落ち着いて過ごすことができる				
	14	気に入らないことや、ストレスが溜まったときに、落ち着ける方法を見つけることができる				
	15	自分の趣味や特性（○○は得意だけど、○○は難しい、など）を把握した上で行動できる				
D	16	他の仕事や生活の状況に意欲をもって取り組むことができる				
	17	自分の話だけでなく、相手の話も聞くことができる				
	18	カレンダーや予定表を見て、予定や準備の手がかりに沿って行動することができる				
	19	友達との約束を守ることができる				
	20	分からないことを自分から質問することができる				
E	21	自己紹介ができる				
	22	自分の居場所や場所を説明できる				
	23	他の人の居場所を見付けることができる				
F	24	経験から、パターンを考えることができる				
	25	鏡で自分の様子を確認し、自分を整えることができる				
	26	場にふさわしい服を自分で選ぶことができる				
G	27	自分のことを図鑑などで（調べること）ができる				
	28	自分のことで必要な支援（手助け）を相手に求めることができる				

作業評価用

生活適応力支援チェックリスト

名前（　　　　　　　　）

4：できる　3：だいたいできる　2：少しできる　1：あまりできない

の区分	重点事項として	対人関係に関する内容	4	3	2	1	第　回	年　月　日	評価した人 すべて項目 課題に○	できない 評価できない
A		No.	4	3	2	1				
	1	人に何かしてもらった時に、お礼を言うことができる								
	2	他の人々がいなければならない場面で、協力することができる								
	3	相手と意見が対立した時に、折り合いをつけることができる（譲ることができる）								
	4	禁止されていることを守ることができる								
	5	相手からの誘いを断る時に、自分に合わせて、言い方を考えることができる								
B	6	相手の話を最後まで聞くことができる								
	7	相手の気持ちを考えて話すことができる								
	8	場にふさわしい言葉づかいができる								
	9	他者と適切な距離を取ることができる								
	10	指示を聞いて受け付け止して、行動することができる								
C	11	状況に応じた行動ができる								
	12	自分の気持ちをうまく相手に伝えることができる								
	13	感情のコントロールで、落ち着いて過ごすことができる								
	14	心が落ち着かない時に、ストレスが少ない方法を取ることができる								
	15	自分の趣味の特性（体操習、○○は難しい、など）を知った上で行動できる								
D	16	他の仕事や与えられた役割に責任をもって取り組むことができる								
	17	自分の話すだけでなく、相手の話も聞くことができる								
	18	カレンダーや予定表を見て、予定や準備の予定表に従って行動することができる								
	19	友達との約束を守ることができる								
	20	分からないことを自分から質問することができる								
E	21	自己紹介ができる								
	22	自分の長所や短所を理解できる								
	23	他の人の長所を見付けることができる								
F	24	複数から、比べて選ぶことができる								
	25	複数からの情報を確認して、自分で選ぶことができる								
	26	場にふさわしい服を自分で選ぶことができる								
G	27	自分について説明することが（難しいことが）できる								
	28	自分について整理する（手助け）を相手に伝えることができる								

【 ＴＴＳＴ 一覧表 】

	NO	育みたい力	なぜ難しいのか
A 他者とのかかわりの基礎に関すること	→	人に対する基本的な信頼感をもち、他者からの働きかけを受けとめ、それに応ずることができるようになること	
	1	他者からの支援を受けたときにお礼を言うことができる	自閉症の生徒は、コミュニケーションの障害、対人関係・社会性の障害がある。そのため、他者との関わりをもとうとするが、その方法が十分に身に付いていない
	2	他者と教え合ったり協力したりして活動する場面で、他者と円滑に活動を進めることができる	
	3	他者と意見が対立したときに折り合いをつけることができる	
	4	禁止や制止の言葉に従うことができる	衝動性を抑えるのが難しい
	5	他者からの誘いを断る際に、適切な方法をとることができる	相手の気持ちを理解するのが難しい
B 他者の意図や感情の理解に関すること	→	他者の意図や感情を理解し、場に応じた適切な行動をとることができるようになること	
	6	相手の話を最後まで聞くことができる	ＡＤＨＤの生徒は特に、集中する力が弱い
	7	相手の気持ちを考えて話をすることができる	自閉症の生徒は特に、相手の気持ちが理解しにくく、暗黙の了解が分からない
	8	場や立場にふさわしい言葉遣いができる	
	9	他者と適切な距離をとることができる	
	10	冗談を聞いて受け流したり、笑ったりすることができる	
C 自己の理解と行動の調整に関すること	→	自分の得意なことや不得意なこと、自分の特徴などを理解し集団の中で状況に応じた行動ができるようになること	
	11	状況に応じた行動ができる	状況を判断する力が弱く、あいまいな状況だと何をすればよいか分からず不安である
	12	自分の気持ちや考えを適切に相手に伝えることができる	
	13	感情のコントロールができ、落ち着いて過ごすことができる	感情のコントロールが難しく、不安が強い
	14	心が落ち着かないときやストレスが溜まったときに、落ち着ける方法をとることができる	対応を柔軟にする自己コントロールが難しく不安が強い
	15	自分の障害の特性（不注意、社会性の弱さ、こだわりがあるなど）を知った上で行動できる	自己理解が難しい
D 集団への参加の基礎に関すること	→	集団の雰囲気に合わせたり、集団に参加するための手順やきまりを理解したりして、遊びや集団活動などに積極的に参加できるようになること	
	16	当番、係など自分の役割を果たすことができる	自分の置かれた状況を常に認識しておく機能が未発達
	17	自分の話を一方的にし続けず相手の話も聞くことができる	衝動性を抑えるのが難しい
	18	カレンダーや予定表を見て、学校行事や家庭の予定などに従って行動することができる	先の見通しをもつことが苦手
	19	友達との約束を守ることができる	ＡＤＨＤの生徒は特に、衝動性があるため他のことに気を取られてしまう
	20	自分の「分からない」を自覚して自分から質問ができる	語彙や会話の基礎的スキルが不十分で、自尊感情が低い
E 自己理解	21	自己紹介ができる	自己理解が難しく、自尊感情や自己肯定感が低い
	22	自分の長所と短所を説明できる	
	23	他者の長所を見付けることができる	
F 身だしなみ	24	髪やひげ、爪などを整えることができる	他者から見た自分について考えることが難しい
	25	鏡で身なりの確認をし、自分で整えることができる	
	26	ＴＰＯに合わせた服装選びができる	
G 障害の特性の理解と生活環境の調整に関すること	27	自分にとって困難なこと（難しいこと）がわかる	障害受容ができていない児童・生徒が多い
	28	自分にとって必要な支援（手助け）がわかる	自己理解が十分でなく、また実際の場面で必要な支援を求める経験が十分でない。

人間関係の形成の内容に応じた力

人間関係の形成の基礎となる力

健康の保持の内容に応じた力

第2章

TTST 実践編

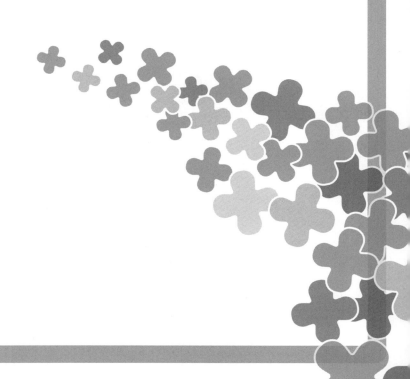

人間関係の形成の内容に応じた力

	NO.	育みたい力	I	II	III
A 他者とのかかわりの基礎に関すること			人に対する基本的な信頼感をもち、他者からの働き掛けを受けとめ、それに応ずることができるようになること		
	1	他者からの支援を受けたときにお礼を言うことができる	事例A−1（1）「なぜお礼を言うのか考えよう」 **→P30**	事例A−1（2）「お礼を言うタイミングを知ろう」 **→P31**	事例A−1（3）「自分からお礼を言おう」 **→P32**
	2	他者と教え合ったり協力したりして活動する場面で、他者と円滑に活動を進めることができる	事例A−2（1）「他者を意識する体験をしよう」 **→P33**	事例A−2（2）「友達と会話をすることの良さに気付こう」 **→P34**	事例A−2（3）「ペアで作業に取り組もう」 **→P35**
	3	他者と意見が対立したときに折り合いをつけることができる	事例A−3（1）「意見を一つにまとめよう」 **→P36**	事例A−3（2）「他者と折り合いをつけよう」 **→P37**	事例A−3（3）「注意や助言を受け止めよう」 **→P38**
	4	禁止や制止の言葉に従うことができる	事例A−4（1）「ルールを理解しよう」 **→P39**	事例A−4（2）「ルールを守ろう」 **→P40**	事例A−4（3）「ルールを作ろう」 **→P41**
	5	他者からの誘いを断る際に、適切な方法をとることができる	事例A−5（1）「上手な断り方を覚えようI」 **→P42**	事例A−5（2）「上手な断り方を覚えようII」 **→P43**	事例A−5（3）「相手の気持ちを考えて断ろう」 **→P44**
B 他者の意図や感情の理解に関すること			他者の意図や感情を理解し、場に応じた適切な行動をとることができるようになること		
	6	相手の話を最後まで聞くことができる	事例B−6（1）「聞き方上手になろう」 **→P45**	事例B−6（2）「話す、聞くルールを守ろう」 **→P46**	事例B−6（3）「インタビューをしよう」 **→P47**
	7	相手の気持ちを考えて話をすることができる	事例B−7（1）「他者の気持ちを考えよう」 **→P48**	事例B−7（2）「他者の気持ちを読み取ろうI」 **→P49**	事例B−7（3）「他者の気持ちを読み取ろうII」 **→P50**
	8	場や立場にふさわしい言葉遣いができる	事例B−8（1）「先輩との上手な話し方を知ろう」 **→P51**	事例B−8（2）「丁寧な言葉で話そう」 **→P52**	事例B−8（3）「場面に応じた言葉を選ぼう」 **→P53**
	9	他者と適切な距離をとることができる	事例B−9（1）「他者との距離を考えようI」 **→P54**	事例B−9（2）「他者との距離を考えようII」 **→P55**	事例B−9（3）「SNSを用いた友達との付き合い方を考えよう」 **→P56**
	10	冗談を聞いて受け流したり、笑ったりすることができる	事例B−10（1）「雑談をしよう」 **→P57**	事例B−10（2）「冗談について考えようI」 **→P58**	事例B−10（3）「冗談について考えようII」 **→P59**

人間関係の形成の内容に応じた力

	NO.	育みたい力	Ⅰ	Ⅱ	Ⅲ
C 自己の理解と行動の調整に関すること		自分の得意なことや不得意なこと、自分の特徴などを理解し集団の中で状況に応じた行動ができるようになること			
	11	状況に応じた行動ができる	事例C－11（1）「適切な行動ができるようになろうⅠ」 →P60	事例C－11（2）「適切な行動ができるようになろうⅡ」 →P61	事例C－11（3）「適切に報告、連絡、相談をしよう」 →P62
	12	自分の気持ちや考えを適切に相手に伝えることができる	事例C－12（1）「正確に伝えよう」 →P63	事例C－12（2）「自己表現をしよう」 →P64	事例C－12（3）「プレゼンをしよう」 →P65
	13	感情のコントロールができ、落ち着いて過ごすことができる	事例C－13（1）「気持ちを把握しよう」 →P66	事例C－13（2）「気持ちを切り替えよう」 →P67	事例C－13（3）「感情をコントロールしよう」 →P68
	14	心が落ち着かないとき、ストレスが溜まったときに、落ち着ける方法をとることができる	事例C－14（1）「ストレス解消法を知ろうⅠ」 →P69	事例C－14（2）「ストレス解消法を知ろうⅡ」 →P70	事例C－14（3）「ストレスと上手に付き合おう」 →P71
	15	自分の障害の特性（不注意、社会性の弱さ、こだわりがあるなど）を知った上で行動できる	事例C－15（1）「自分について知ろう」 →P72	事例C－15（2）「私の説明書を作ろう」 →P73	事例C－15（3）「自分について話そう」 →P74
D 集団への参加の基礎に関すること		集団の雰囲気に合わせたり、集団に参加するための手順やきまりを理解したりして、遊びや集団活動などに積極的に参加できるようになること			
	16	当番、係など自分の役割を果たすことができる	事例D－16（1）「自分の役割を果たそう」 →P75	事例D－16（2）「マニュアルを見て取り組もう」 →P76	事例D－16（3）「自分の知らない良いところを知ろう」 →P77
	17	自分の話を一方的にし続けず相手の話も聞くことができる	事例D－17（1）「交代しながら話そう」 →P78	事例D－17（2）「会話のルールを身に付けよう」 →P79	事例D－17（3）「話し合おう」 →P80
	18	カレンダーや予定表を見て、学校行事や家庭の予定などに従って行動することができる	事例D－18（1）「スケジュール帳を活用しよう」 →P81	事例D－18（2）「スケジュール管理をしようⅠ」 →P82	事例D－18（3）「スケジュール管理をしようⅡ」 →P83
	19	友達との約束を守ることができる	事例D－19（1）「約束について考えよう」 →P84	事例D－19（2）「約束を守るためにメモをしよう」 →P85	事例D－19（3）「約束の大切さを考えよう」 →P86
	20	自分の「分からない」を自覚して自分から質問ができる（伝え方やタイミング）	事例D－20（1）「周囲に助けてもらおう」 →P87	事例D－20（2）「自ら質問しよう」 →P88	事例D－20（3）「タイミングよく質問しよう」 →P89

人間関係の形成の基礎となる力

	NO.	育みたい力	I	II	III
E **自己理解**	21	自己紹介ができる	事例 E－21（1） 「自己紹介をしようI」 **➡ P90**	事例 E－21（2） 「自己紹介をしようII」 **➡ P91**	事例 E－21（3） 「自分のことを相手に伝えよう」 **➡ P92**
	22	自分の長所と短所を説明できる	事例 E－22（1） 「自分の長所を知ろう」 **➡ P93**	事例 E－22（2） 「ネガティブをポジティブに変えよう」 **➡ P94**	事例 E－22（3） 「長所と短所を説明しよう」 **➡ P95**
	23	他者の長所を見付けることができる	事例 E－23（1） 「他者とコミュニケーションを深めよう」 **➡ P96**	事例 E－23（2） 「自分の大切なものを伝え合おう」 **➡ P97** 〔事例 E－23（3）「他者とやりとりをしよう」**➡ P98**〕	事例 E－23（4） 「他者紹介をしよう」 **➡ P99**
F **身だしなみ**	24	髪やひげ、爪などを整えることができる	事例 F－24（1） 「身なりを整えよう」 **➡ P100**	事例 F－24（2） 「身なりのアドバイスをしよう」 **➡ P101**	事例 F－24（3） 「理想の大人になろう」 **➡ P102**
	25	鏡で身なりの確認をし、自分で整えることができる	事例 F－25（1） 「制服を着こなそう」 **➡ P103**	事例 F－25（2） 「身だしなみについて考えようI」 **➡ P104**	事例 F－25（3） 「身だしなみについて考えようII」 **➡ P105**
	26	TPPO に合わせた服装選びができる	事例 F－26（1） 「素敵な社会人になろうI」 **➡ P106**	事例 F－26（2） 「素敵な社会人になろうII」 **➡ P107**	事例 F－26（3） 「TPPOに合わせた服装選びをしよう」 **➡ P108**

健康の保持の内容に応じた力

	NO.		事例 G－27（1）	事例 G－27（2）
G 障害の特性の理解と生活環境の調整に関すること	27	自己の障害にどのような特性があるのか理解し、それらが及ぼす学習上又は生活上の困難についての理解を深めることができる	「自己理解を深めよう」 **➡ P109**	「自分にとって困難なことを知ろう」 **➡ P110**
	28	自己の行動や感情を調整したり、他者に対して主体的に働きかけたりして、より学習や生活をしやすい環境にしていく方法が分かる	事例 G－28（1） 「自信がもてるようになろう」 **➡ P111**	G－28（2） 「自分にとって必要な支援を求めよう」 **➡ P112**

指導事例

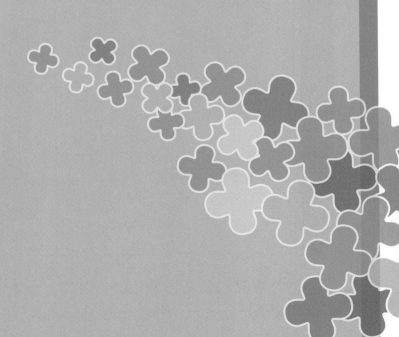

事例 A-1 (1) 「なぜお礼を言うのか考えよう」

お礼を言うことの大切さに気付く

ロールプレイによる指導事例

● ねらい｜お礼を言うことの大切さが分かり、自らお礼が言えるようになる

ワークシート P114

	指導例	指導のポイント
導入	○ 実習先や就労先等で、まずは自分からお礼が言えるようになることが大切だと伝える。	○ 「お礼を言われたら嬉しい」という気持ちから、自ら「お礼を言いたい！」という気持ちをもたせることが大切です。
展開	（1）お礼を言われたときの気持ちを思い出させて、ワークシートにまとめさせる。 （2）ロールプレイで、人のために何かをしたときに、他者からお礼を言われたときの気持ちを考えさせる。	＜ワークシート（例）＞ お礼を言われた時の気持ちをまとめよう ・どんな場面で □ ・何をしたときに □ ・言われた言葉 □ ・その時の気持ち □ 「その時の気持ち」を思い出すことが大切です。ここはしっかり書けるように支援しましょう。
まとめ	○ 本時の学習をまとめる。	

お礼を言われると嬉しい、気持ちがよい、だからお礼って大切だね！ということが分かるように指導しましょう。

参考：本研究における就労支援機関への調査

事例 A-1 (2) 「お礼を言うタイミングを知ろう」

様々な状況で他者にお礼を言うタイミングを練習する

ロールプレイによる指導事例

● ねらい｜お礼を言うことの大切さが分かるようになる

	指導例	指導のポイント
導入	○「お礼」を言う意味について問う。	○ 会社に就職した特別支援学校の生徒は、感謝の気持ちはあっても、お礼を言うことが難しい、という報告があります。ここでは感謝の気持ちを相手に伝えられるように指導します。
展開1	(1)「ありがとう」の言葉はどんなときに言うのか、児童・生徒に問う。 (2) ロールプレイで、人のために何かをしたときに、他者からお礼を言われず無視をされたときの気持ちを考えさせる。	【ロールプレイの例】 両手に荷物を持っている生徒Aがドアを開けられず困っている。それに気づいた生徒Bはドアを開けてあげるが、生徒Aは何も言わずに部屋に入る。その時の生徒Bの気持ちを問う。
展開2	○「ありがとう」以外のお礼の言葉の種類とそれぞれの意味、使う場面や相手について考える。	お礼の言葉は、「その時」に言うのがポイントですね。 【お礼の言葉の例】 感謝の言葉：「ありがとう」は親しい人に使う。目上の方や職場の方には、「ありがとうございます」といった丁寧な言葉を使う。「サンキュー」のような言い方は、職場ではしない。等
まとめ	○ 本時の学習をまとめる。	

なぜお礼を言うのか、お礼を言われたらどんな気持ちなのか、分かりやすく丁寧に指導しましょう。

参考文献：自閉症スペクトラムソーシャルスキル・トレーニングＳＳＴスタートブック

事例 A-1 (3) 「自分からお礼を言おう」

自分からお礼を言う練習をする

KJ法的手法を取り入れた指導事例

● ねらい｜自らお礼を言う力を付ける

	指導例	指導のポイント
導入	○ 自分からお礼が言えるようになるには、日頃の生活で実践することが大切だと伝える。	○ お礼を言うことが恥ずかしい児童・生徒もいます。まずは「この場面でお礼を言いたい！」という気持ちをもたせることが大切です。
展開	(1) 付箋紙に、「どんなときにお礼を言うのか」をできるだけ多く書かせる。  (2) 5人程度のグループになり、それぞれの付箋紙をグループ分けして模造紙に貼る。 (3) グループで話し合ったことを発表する。 (4) 友達の発表を聞いて、今後実践したい「お礼」についてワークシートに記入させる。	難しい児童・生徒には、教師が側で必ず支援しましょう。日常的にお礼を言うことが難しい実態の児童・生徒には、同じグループの友達の付箋紙の内容に注目させましょう。 <付箋紙の記入例> ・落としたものを拾ってもらった時 ・勉強を教えてくれた時 ・係の仕事を手伝ってくれた時 友達の付箋紙を見て、○○さんはこんな時もお礼を言っているんだ！と気付かせ、実践させましょう。
まとめ	○ 本時の学習をまとめる。	

> 講義型の授業ではなく、KJ法的な活動を取り入れるなど、参加型の授業を行うことで、より意欲的に学習に取り組ませることができますね。

参考文献：自閉症スペクトラムソーシャルスキル・トレーニングSSTスタートブック

事例 A-2 (1)

「他者を意識する体験をしよう」

「かぶらなかったら勝ち！ゲーム」に取り組む

ゲームを取り入れた指導事例

● ねらい｜他者の考えを意識することができる

	指導例	指導のポイント
導入	○ 校内や社会生活において、他者と協力しながら取り組むことが大切であることを伝える。	○ 他者に興味をもたない児童・生徒には「意識しなさい」と言っても難しいため、ここではゲームを通して他者を意識する力を付けます。
展開	○ 「かぶらなかったら勝ち！ゲーム」を行う。児童・生徒の相性等を考慮し、ペアを作る。 他者が何を言うか予想する際、自然と他者を意識することができますね。	**「かぶらなかったら勝ち！ゲーム」のルール** ① 教師がお題を提示する。 　（例：果物といえば） ② 他の人が思いつかないものを考えて、３つ用紙に書く。 ③ 選んだ１つを順番に言っていく。 　何人の人とかぶらない（重ならない）かを競う。 みんなが選ばない果物って何かなぁ／メロン！／アボカド！／栗！
まとめ	○ 本時の学習をまとめる。	

ゲームを通して、他者の発言に注目することもできますね。

参考文献：発達障害のある子へのサポート事例集（小学校編）

事例 A−2 (2) 「友達と会話をすることの良さに気付こう」

友達と会話をしたり活動したりする練習をする

ペア学習による指導事例

● ねらい｜他者と会話したり活動したりすることの良さや大切さに気付くことができる

	指導例	指導のポイント
導入	○ 他者と協力しながら取り組む際、会話をすることが大切であることを伝える。	○ 話を聞く際のポイント（うなずいたり、相槌を打ったり、目線を相手に向けたり）を伝えてから指導を進めましょう。
展開	(1) 児童・生徒の相性等を考慮し、ペアを作る。 (2) 話のテーマを提示し、2分間トークをさせる。1人が話をしている間、もう1人は無視を続けるように伝え、一方的に話をさせる。1人が終わったらもう1人と交代する。 (3) 同じテーマで、今度は無視をせずにうなずいたり相槌を打ったりしながら、ペアの友達の話を聞かせる。視線や相槌を打つポイントをわかりやすく伝える。 (4) 1回目と2回目では、どちらが気持ちよく話せたかを問う。その上で、他者と会話をすることの良さや大切さに気付かせる。	一方的に会話をする時間が2分となると、話が続かなくなり、話しているうちに段々と嫌な気持ちになりますね。 この経験を経て、友達に話を聞いてもらうことで「友達に話を聞いてもらうことの心地よさ」に気付くことができます。
まとめ	○ 本時の学習をまとめる。	大型段ボールや重たいものを2人で協力して運ぶ、といった活動もよいですね。

「会話をするとうまくいく」ことを体験できるように工夫してみましょう。

参考：本研究における教師へのアンケート調査（特別支援学校での実践より）

事例 A-2 (3) 「ペアで作業に取り組もう」

二人で協力して活動する練習をする

ペア学習による指導事例

● ねらい｜他者と協力して活動することができる

	指導例	指導のポイント
導入	○ 二人で円滑に作業を進めるためには、言葉でのやり取りをしながら協力することが大切であることを伝える。	○ 作業学習ではペアで取り組むこともあります。作業学習の担当教員とも連携して指導を行うことが大切です。
展開	(1) 報告・連絡・相談の仕方や質問の仕方を確認する。 (2) 生徒の相性等を考慮し、ペアを作る。 (3) ペアで協力して、共に作業に取り組むことを伝える。 (3) 作業内容を発表し、指示書を渡す。 (4) ペアで振り返りをする時間を設ける。振り返りシートのチェック項目に沿って振り返りをさせる。	作業学習でのペアでの取組の様子も参考になるので、担当者に相談するとよいですね。  ペアで作業を行う際のポイントを分かりやすく伝えることが大切です。（目線、会話、距離等） ＜指示書の例＞ ＜指示書＞ 作業内容：事務作業 ① Aさんは資料10枚を両面印刷します。 ② Bさんは補助資料3枚を片面印刷します。 ③ AさんとBさんで協力して丁合します。 ④ 丁合した資料をステープラー留めします。その際、Aさんは資料を整えて端を持ち、Bさんがステープラー留めをします。
まとめ	○ 本時の学習をまとめる。	

児童・生徒の実態に応じて作業内容や指示書の内容を工夫しましょう。

参考：本研究における教師へのアンケート調査（特別支援学校での実践より）

事例 A-3 (1) 「意見を一つにまとめよう」

他者と折り合いをつける練習をする

ペア学習による指導事例

● ねらい｜意見や考え方が他者と異なるときに折り合いをつける方法が分かる

	指導例	指導のポイント
導入	○ 考え方の異なる人と「うまくやる」（折り合いをつける）ことが必要な場合があることを伝える。	○ 他者との関わりが得意でない児童・生徒は、自分と異なる意見をもつ他者と折り合いをつける方法が分かりません。ここではまず、ペア学習に取り組みながら折り合いをつける体験をさせましょう。
展開	(1) 児童・生徒のペアを作る。 (2) ペア学習の流れを説明する。 (3) ペア学習に取り組ませる。	ペア学習では、考え方の違う児童・生徒をペアにするため、授業の前に事前調査をしましょう。 ペア学習の流れ（例） ① テーマに関する考えを用紙に書く。 　（テーマの例：過ごしやすい季節は春か秋か） ② ペアでそれぞれの考えを伝え合う。 　（なぜそう考えたのかを含めて） ③ 二人に考えをまとめる時間を設ける。 　※ただ「譲る」のではなく、「○○という理由で○○という考え方に納得した」というように、折り合いを付けた理由が説明できることが大切。 ④ 二人の考えを一つにまとめて発表する。
まとめ	○ 本時の学習をまとめる。	

始めは教師が適宜声掛けを行う等の手助けが必要な場合があります。児童・生徒の実態に応じて支援しましょう。

参考：本研究における教師へのアンケート調査（特別支援学校での実践より）

事例 A-3(2) 「他者と折り合いをつけよう」

ディベートをとおして、考え方の異なる他者と
折り合いをつける練習をする

ディベートによる指導事例

● ねらい：他者の意見を尊重しながら自分の意見を他者に伝えることができる

	指導例	指導のポイント
導入	○ 自分の意見を優先するばかりではなく、考え方の異なる他者の意見を聞き入れることも大切であることを伝える。	○ ディベートは、話しをすることが得意な児童・生徒が好む活動で、話すことが得意でない生徒は活躍することができない場合があります。そのような児童・生徒も活動に参加できるように支援することが必要となりますので、ここでは教師が2～3人いる体制で行うことが望ましいです。
展開	(1) ディベートの論題を提示する。 　始めは4人程度の少人数で行うとよいです。 (2) 肯定派と否定派に分かれるよう指示し、教師（T1）はジャッジ役をすることを伝える。T2、T3はそれぞれ肯定派と否定派に入り、支援の必要な生徒に付く。 (3) ディベートのルールを提示する。 (4) ディベートを始める。 (5) ジャッジ役の教師はディベートのまとめを行う。	＜ディベートのテーマの例＞ ・高校生はスマートフォンを持つか持たないか ・マイカーを持つか持たないか 児童・生徒の実態に応じて論題を設定しましょう。児童・生徒の希望したテーマにしてもよいですね。 ディベートのルール（例） ① 同じ意見の人と協力しながら発言する。 ② 自分の意見を述べる場ではないことを忘れない。 ③ 相手側の発言内容を聞く。 ④ 相手側の発言の途中で割り込まない。 ⑤ 冷静さを保つことを心掛ける。
まとめ	○ 本時の学習をまとめる。	

**児童・生徒が感情的にならないように配慮しましょう。
ジャッジ役の教師が調整役を務めることが重要です。**

参考：本研究における教師へのアンケート調査（特別支援学校での実践より）

事例 A-3 (3) 「注意や助言を受け止めよう」

自己の課題を把握するためにチェックリストに取り組む

生活適応支援チェックリストを用いた指導事例

平成30年3月公示 特別支援学校教育要領・学習指導要領解説 自立活動編
「1 健康の保持 (4) 障害の特性の理解と生活環境の調整に関すること」に対応

ワークシート P 115

● ねらい｜自己の課題を認識できるようになる。

	指導例	指導のポイント
導入	○ 注意や助言を受けたら素直に聞き入れることも大切であることを伝える。	○ 就職後卒業生の課題の1つに、注意や助言が素直に受け入れられない、ということが指摘されています。
展開1	(1) 児童・生徒の相性等を考慮し、ペアを作る。 (2) 生活適応支援チェックリストを全員に配布し、取り組ませる。 (3) 自己評価と他者評価の異なる項目には、項目の横のチェック欄に印を付けさせる。 (4) チェックした項目の中から、自己の課題として克服したいと思う項目を選択させる。児童・生徒と教師とで対話し、克服すべき課題を1つに絞る。	チェックリストに取り組む際、他者評価は児童・生徒だけでなく教師も行います。複数の教師で評価すると、より効果的です。 
展開2	○ ワークシート（課題克服シート）に自己の課題を記入する。克服するための方法を各自で考えさせたあと、教師による助言を行う。その後、グループでディスカッションする	ここは児童・生徒と教師とで対話して○するのがポイントです。
まとめ	○ 本時の学習をまとめる。	

なぜ注意を受けるのか理解できない、という事例が多く挙げられます。まずは児童・生徒が自分の課題を認識することが大切です。

参考文献：自閉症スペクトラムソーシャルスキル・トレーニングＳＳＴスタートブック

事例 A-4 (1) 「ルールを理解しよう」

身の周りのルールを認識する

KJ法的手法を取り入れた指導事例

● ねらい ｜ 社会のルールを理解する。

	指導例	指導のポイント
導入	○ 社会には多くのルールがあることを確認する	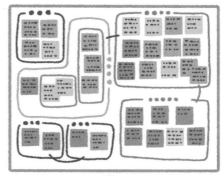
展開	(1) 社会のルール（自転車に乗りながらスマートフォンを扱うことが禁止されていることや、公共交通機関では携帯電話をマナーモードにする等）について、知っていることをできるだけたくさん付箋紙に書かせる。 (2) 4～5人グループを作る。 (3) KJ法的手法で、付箋紙に書いたルールをグルーピングして模造紙に貼らせる。 (4) なぜ、それらのルールがあるのかを考えさせる。	【グルーピングの例】 交通ルール、公共の場所でのルール、社会人のルール、情報モラル上のルール等 事故が起きず安全に過ごすために交通ルールがある等、分かりやすいルールを取り上げて「ルールの大切さ」を考えさせましょう。
まとめ	○ 本時の学習をまとめる。 ・模造紙を使ってまとめる。	

「なぜルールがあるのか」を認識させることで、
「ルールを守ろう」「ルールは守らなければいけない」
という気持ちを育てましょう。

参考：本研究における就労支援機関への調査

事例 A-4 (2) 「ルールを守ろう」

ルールを守ると、どんな良いことがあるのか考える

少人数グループの指導事例

● ねらい｜ルールを守ることの大切さを理解する

	指導例	指導のポイント
導入	○ 社会のルールは一つ一つ意味があることを伝える。	
展開	(1) 社会のルール（自転車に乗りながらスマートフォンを扱うことが禁止されていることや、公共交通機関では携帯電話をマナーモードにすること等）について、知っていることを挙げさせる。 (2) ルールはなぜ存在するのか説明する。 (3) ルールを守ればどんな良いことがあるか、少人数グループでディスカッションをする。	**ディスカッションの流れ（例）** ① 交通ルールや公共の場のルールなど、具体的なルールを複数提示する。 ② 児童・生徒が選んだルールでグループを作る。 ③ 選んだルールを守ると、どんな良いことがあるのか、グループ内でディスカッションする。 ④ ディスカッションした内容を発表する。
まとめ	○ 本時の学習をまとめる。	「だからルールは必要なんだ！」と、児童・生徒が気付けるように、まとめましょう。

難しいルールではなく、児童・生徒にとって身近なルール（電車の中では携帯電話をマナーモードにすること等）を取り上げることがポイントです。

参考：本研究における就労支援機関への調査

事例 A-4(3) 「ルールを作ろう」

ルールについて考え、実際にルールを作る

少人数グループの指導事例

● ねらい｜ルールを守ることの大切さを理解する

	指導例	指導のポイント
導入	○ ルールがあることによって、みんなが暮らしやすい社会ができていることを確認する。	
展開	(1) ルールを守る大切さについて説明する。 (2) ルールを守れなかったら、どうなるのか説明する。 (3) 作りたいルールについて意見を出させる。 (4) ルールの決め方を説明する。 (5) グループごとに意見をまとめさせ、発表させる。 (6) 発表を踏まえ、社会で禁止されていることや学校でのルールを守ることの大切さを伝える。	【作るルールの例】 クラスのルール、部活動のルール、学年の休み時間の過ごし方に関するルール　等 【ルール（例）】 ① 困っていることや改善したほうが良いと思っていることをグループ内で挙げる。 ② 挙がった意見について、「どうしたらよくなるか」をグループで考える。 ③ 「みんなが守れそうなルール」という視点でルールを決定する。
まとめ	○ 本時の学習をまとめる。	

どんなルールを作るのかについては、学校や児童・生徒の実態に応じて教師が複数の候補を出すとよいでしょう。

参考：本研究における就労支援機関への調査

事例 A-5 (1) 上手な断り方を覚えようⅠ

悪質な勧誘や誘いを、適切に断る方法を覚える

ロールプレイによる指導事例

● ねらい｜悪質な勧誘等に対し、適切に断る力を身に付ける

<キャッチセールスの被害にあわないためには>
話を安易に信用しない。家族や周りの人の意見を聞いて慎重に対応する。
しつこく勧誘されても「いらない」「買わない」と**しっかり断ることが大事**。

キャッチセールス：駅前や繁華街の路上で「無料体験」「アンケート調査」「モデルに興味ない？」などと呼び止めて、販売の目的を告げずに事務所などへ連れて行き、ウマイ話を出して高額な契約を結ばせる商法。

「東京都の消費生活総合サイト東京くらしＷｅｂ」 https://www.shouhiseikatu.metro.tokyo.jp/

	指導例	指導のポイント
導入	○ 社会に出ると悪質な勧誘を受けることがあるため、きちんと断ることが大切であることを伝える。	○ 消費者生活総合サイト等を参考に、「しっかり断る」方法を指導しましょう。
展開	(1) 悪質な勧誘とはどんなものがあるか説明する。 (2) 具体的な事例を示す。 (3) 具体的な事例について、ロールプレイングをする場面を設定する。 (4) 断る時は、あいまいではなく「はっきりと」断ることの大切さを伝える。	<悪質商法の種類> ・キャッチセールス ・アポイントメントセールス ・マルチ商法 ・悪質サイトの料金請求 など  例えば、「結構です」ではなく「いりません」「買いません」というように、はっきりと断るように指導しましょう。
まとめ	○ 本時の学習をまとめる。	

携帯電話を利用している児童・生徒が多いため、「悪質サイトの料金請求」などについても必要に応じて触れるとよいですね。

参考・本研究における教師へのアンケート調査（特別支援学校での実践）
　　・東京都消費生活総合センターHP

事例 A-5 (2)

上手な断り方を覚えようⅡ

他者からの誘いに対し、適切に断る方法を覚える

4コマ漫画による指導事例

● ねらい｜適切に断る方法を覚える

	指導例	指導のポイント
導入	○ コミュニケーションをとる上で大切なことの一つに「上手な断り方」があることを確認する。	○ 職場での対人関係に悩む卒業生は多く見受けられます。高等部段階でコミュニケーションに関する指導をすることが大切です。
展開	(1) 約束をしていて、急に断られたときにどんな気持ちだったか、数人の児童・生徒に問う。 (2) 「がっかりした」「いやな気持になった」等の意見から、「急に」断ることは適切ではないことを伝える。 (3) どのタイミングで断ることが適切なのかを考えるために、4コマ漫画を用いる。 (4) 4コマ漫画の、Aさんの何がいけなかったのか、ペアで話し合う時間を設ける。 (5) Aさんはどうすればよかったのか、ペアで話し合った後発表させる。 (6) 「早めに」「はっきりと」断ることの大切さについて説明する。	【4コマ漫画の例】 ① AさんはBさんと一緒に部活に行く約束をしていた。 ② Aさんは昼休みに、その日は部活を休んで家に帰らなければいけないことを思い出した。 ③ Bさんに言い出しにくいAさんは、結局、放課後にBさんが教室まで迎えに来たときに「一緒に行けない」と伝えた。 ④ 急に断られたBさんは「何でもっと早く言ってくれなかったの？」と言って怒ってしまった。
まとめ	○ 本時の学習をまとめる。	ここでは、相手の気持ちを考えた、上手な断り方をするのが大切であることを説明しましょう。

他者からの誘いに対し、直接断ることが難しい児童・生徒も、SNS等を上手に活用することでスムーズなやりとりができる場合もあります。児童・生徒個々の実態に応じた支援方法を工夫してみてもよいでしょう。

参考：本研究における教師へのアンケート調査（特別支援学校での実践より）

事例 A−5 (3)

「相手の気持ちを考えて断ろう」

上手に断る方法を覚える

アサーショントレーニングによる指導事例

● ねらい｜自分と相手を大切に考えた断り方ができるようになる

ワークシート P 116

	指導例	指導のポイント
導入	○断りにくい場面において、自分のことも相手のことも考えた断り方をする力を付けることが大切であることを伝える。	「断りにくい場面」に遭遇したときに指導をすることが大切です。
展開	(1)「断りにくい場面」をいくつか挙げさせる。 (2) ワークシートに事例を提示し、「NO」と断る方法を考えさせる。 (3) ワークシートの問いに対する考えを近くの人と話し合う。 (4) 数人に発表させる。 (5) 上手に断るポイントを提示して説明する。 ポイントとして、例えば… ① 自分の気持ちや状況を伝える ② 相談してみる ③ 譲歩案を出してみる などがあります。	**上手に断る方法を考えよう** 名前（　　　　） 次の事例を読みましょう。 ① Aさんは実習に行っています。Aさんの実習の担当は職員のBさんです。 ② AさんはBさんから、「今日の退勤時間までに、この資料をパソコンで入力してほしいんだけど、大丈夫？」と言われました。 ③ Aさんは、今やっている仕事に時間がかかっているので、Bさんに頼まれた仕事をやる時間はありません。 ④ どう断ればよいのか分からず、Aさんは「わ、わかりました」と言って、仕事を引き受けました。 ⑤ 結局 Aさんは、Bさんに頼まれた仕事を終わらせることができませんでした。 **考えてみよう！** Aさんはどうすればよかったと思いますか？ 〈メモ〉
まとめ	○本時の学習をまとめる。	

様々な場面を想定し、相手や場面を変えて繰り返し練習することで、実際の場面で使えるように指導しましょう。

参考：本研究における教師へのアンケート調査（特別支援学校での実践より）

事例 B-6 (1) 「聞き方上手になろう」

話を聞くポイントを覚える

4コマ漫画による指導事例

● ねらい｜他者の話を適切に聞く方法を知る

	指導例	指導のポイント
導入	○ 他者とのやり取りにおいては、「話すこと」だけでなく、「聞くこと」も大切であることを伝える。	話をすることが好きな人、話を聞くことが好きな人、など、児童・生徒に挙手をさせ、授業に参加している意識をもたせましょう。
展開	(1) 話を聞くことはコミュニケーションの基本であることを伝える。 (2) 話を聞くときのポイントを示す。 (3) 4コマ漫画を見て、上手に話を聞けていないと思う箇所を見付ける時間を設ける。 (4) 少人数グループで協議させる。その結果を発表させる。 (5) ポイントを押さえながら解説する。	**＜話を聞くポイントの例＞** ア　相手の顔を見る イ　時々相槌を打つ ウ　うなずきながら話を聞く エ　話の途中で割り込まない **＜4コマ漫画の例＞** ア　AさんがBさんに話しかけました。 イ　BさんはAさんに耳だけは傾けているものの、 ウ　顔は携帯電話の画面を見続けています。 エ　話を続けるAさんに対し、Bさんは相槌を打ったりうなずいたりしません。
まとめ	○ 本時の学習をまとめる。	

**相手の目を見て話を聞くことが苦手な児童・生徒には、
相手の眉間や鼻あたりを見るとよい、
などのアドバイスをするとよいでしょう。**

参考文献：自閉症スペクトラムソーシャルスキル・トレーニングＳＳＴスタートブック

事例 B−6 (2)

「話す、聞くルールを守ろう」

「話す」「聞く」ときのマナーと「クッション言葉」を覚える

ロールプレイングによる指導事例

◉ ねらい｜聞くとき、話すときのルールを守ることができる

指導例	指導のポイント
導入 ○ 聞いたり話したりするときのルールを守ることで、円滑にコミュニケーションをとることができる、ということを伝える。	障害の特性等により、「すぐに聞きたい」という気持ちから、相手の状況を考えずに急に話しかける場合があります。「クッション言葉」を使うことで、相手にマイナスな印象を与えずに済むこともありますね。
展開 (1) 授業中の「聞く」「話す」時の基本的なルールを提示する。 （例：相手の話を最後まで聞く、授業中の発言は挙手をしてから、等） (2)「クッション言葉」について説明する。 (3) ロールプレイで様々な場面を想定して、実際に「クッション言葉」を使う時間を設ける。	**＜「クッション言葉」とは＞** 「クッション言葉」を使うことで丁寧さが増し、ストレートに言いにくいときに便利な言葉です。 例えば… 【会話中の人に止むを得ず話しかける場合】 「すみません、少しよろしいでしょうか」 「お話し中、恐れ入りますが」 【相手にお願い事をするとき】 「ひとつご相談がございまして」 　　　　　　　　　　　　　　　など
まとめ ○ 本時の学習をまとめる。	校内の設定にするか実習先の設定にするかは、児童・生徒の実態等に応じて工夫しましょう。

他者の話を最後まで聞く、というルールを守るとともに、話をするときのマナーやエチケットについても伝えることが大切ですね。

参考：東京都職業能力開発協会 HP

| 事例
B-6
(3) | 「インタビューをしよう」 |

インタビューをする

インタビューを取り入れた指導事例

● ねらい │ 他者の話を最後まで聞くことができる

	指導例	指導のポイント
導入	○ 他者の話を最後まで聞くことの大切さを伝える。「聞く」ということも良好な人間関係を築く上で重要であることを説明する。	「聞くこと」も人間関係の構築に欠かせない大切な要素です。
展開	(1) インタビューの流れを説明し、グループを決める。 (2) インタビューする人と聞き取る内容を決める。 (3) インタビューを行わせる。 (4) インタビューで聞いたことをまとめる。	良好な人間関係を築くために、年齢（特に女性に対して）や体重などについては相手に気軽に聞いてはいけない、ということを伝えましょう。 インタビューは相手の方を向いて、相手の話を最後まで聞くことがポイントです。
まとめ	○ 本時の学習をまとめる。	「聞き取ること」の難易度は児童・生徒の実態に応じて工夫しましょう。

実習等でも実践できるようにするために、児童・生徒が普段関わりの少ない人にインタビューをさせましょう。

参考：本研究における教師へのアンケート調査（特別支援学校での実践より）

事例 B-7 (1) 「他者の気持ちを考えよう」

相手の気持ちを読み取る練習をする

4コマ漫画を用いた指導事例

● ねらい｜相手の気持ちを考えて行動できるようになる

ワークシート P117

	指導例	指導のポイント
導入	○ コミュニケーションをとる際、相手の気持ちを考えて行動することが大切であることを伝える。	「漫画」の例 
展開	(1)「漫画」を見て個々でストーリーを考えさせる。 (2)「漫画」に登場する人物の特徴や登場人物同士の関係に関する話をする。 (3)「漫画」の吹き出しに入れる言葉を考えさせる。 (4) ストーリーの中のコミュニケーションのズレを見付け、解決策を考えさせる。 3～4人のグループで話し合う場面を設定すると、深い学びができそうですね。	
まとめ	○ 本時の学習をまとめる。	児童・生徒の興味・関心に応じて内容を工夫しましょう。

漫画はプレゼンテーションソフトで映し出すと児童・生徒にとって見やすく、興味を引き出しやすくなります。

参考文献：自閉症スペクトラムソーシャルスキル・トレーニングSSTスタートブック

事例 B-7(2) 「他者の気持ちを読み取ろうⅠ」

他者の表情から気持ちを読み取る練習をする

表情カードを用いた指導事例

● ねらい：様々な表情を見て相手の気持ちが分かるようになる

	指導例	指導のポイント
導入	○ コミュニケーションをとる際、言葉だけでなく、相手の表情などから相手の気持ちを読み取ることが大切であることを伝える。	○ 障害の特性から、相手の気持ちを想像することが難しい児童・生徒がいます。ここではいくつかの表情を提示し、手掛かりを得られるように指導しましょう。
展開	(1) 嬉しい顔、悲しい顔、困っている顔、怒っている顔の4パターンを提示する。 (2) それぞれの表情がどんな心情を表しているか考えさせる。 (3) ペアになり、1人に表情カードと同じ表情を実際に作らせる。もう1人には、それぞれの表情の人に対してどのように話しかけるか（または距離をおくか）をカードから選択させる。	「表情カード」は教師や友達等の表情の写真を用いて指導すると効果的です。 表情は4パターンに限定せず、児童・生徒の実態に応じて指導してみましょう。 喜／怒／哀／楽
まとめ	○ 本時の学習をまとめる。	

「怒っている（不機嫌）な人」には、話しかけるタイミングに気を付ける、など、様々な場面を想定して指導しましょう。

参考文献：自閉症スペクトラムソーシャルスキル・トレーニングＳＳＴスタートブック

「他者の気持ちを読み取ろうⅡ」

話の登場人物の気持ちを想像する

物語文を用いた指導事例

● ねらい │ 他者の気持ちを読み取る方法を知る

	指導例	指導のポイント
導入	○ コミュニケーションをとる際、相手の表情だけでなく、その時の状況などから相手の気持ちを考えることが必要であることを伝える。	ここでは**話の流れや状況**から、登場人物の気持ちを考えることに絞って指導を行います。国語科の授業担当とも連携して実践できるとよいですね。
展開	(1) 短く分かりやすい物語を提示する。必要に応じてイラストなどを加える。 (2) Aさんの気持ちを考えさせる。 (3) Aさんの気持ちは、文章中のどこから読み取れるのか、考えさせる。  擬態語、擬音語をヒントとして提示すると分かりやすいです。 (4) Bさんの行動のどんなところが問題かを問い、相手の気持ちを考えた行動をとることの大切さについて解説する。	<物語（例）> 　Aさんは、Bさんと学校から一緒に帰る約束をしていました。 　しかし、Bさんは約束をうっかり忘れて他の友達と帰ってしまいました。Aさんは Bさんをずっと待っていましたが、なかなか来ないので、がっかりして一人で帰りました。 <発問の例> ① Aさんはどんな気持ちだと思いますか？ ② 文章中のどこからそれが分かりますか？ ③ Bさんの行動のどんなところが問題ですか？ <模範解答の例> ① 悲しい気持ち、残念な気持ち ②「がっかり」「一人で帰りました」 ③ Aさんとの約束を、わざとじゃなくても忘れてしまったところ。
まとめ	○ 本時の学習をまとめる。	

その場の状況や周りの人の発言等から、他者の気持ちを読み取ることも大切です。

参考文献：自閉症スペクトラムソーシャルスキル・トレーニングＳＳＴスタートブック

事例 B-8 (1) 「先輩との上手な話し方を知ろう」

目上の人との適切な話し方を覚える

表情カードを用いた指導事例

● ねらい｜校内の上級生（先輩）や教師との適切な話し方を理解する

	指導例	指導のポイント
導入	○ 生徒にとって身近な「目上の人」である校内の上級生や教師との接し方について学習することを伝える。	○ 国語科の授業の、敬語の単元と関連付けることも大切です。教科担当と連携して指導計画を立ててみましょう。
展開	(1) 部活動やクラブ活動などで関わる校内の上級生や教師と話をするときに気を付けていることを挙げさせる。 (2)「目上の人」と関わる際に大切なことを伝える。 (3) (2)で学んだことを踏まえてロールプレイングをする場面を設ける。 (4) ロールプレイングを踏まえて、先輩や先生のような「目上の人」への関わり方をとおして、実習や就職先での職場の方への関わり方について考えさせる。	まずは「目上の人」と関わる際のポイントはしっかりとおさえておきたいですね。 ＜「目上の人」と関わる際のポイント（例）＞ ア 挨拶は自分からする。 イ 目上の人が話をするときは相手の方を向いて話を聞く。 　（話を聞くポイントはB-6を参照） ウ 不機嫌な顔ではなく、できるだけ笑顔で対応する。 ＜ロールプレイングの例＞ ア 生徒本人役、先輩役を指名する。 イ 先輩役の台本を渡し、それに対する生徒本人役の話の仕方を考えさせる。
まとめ	○ 本時の学習をまとめる。	できるだけ多い回数ロールプレイングをさせましょう。

**実習では休憩時間の過ごし方も課題になることがあります。
簡単に実践でき、そしてとても大切な「あいさつ」を
心がけられるように指導してみましょう。**

参考文献：自閉症スペクトラムソーシャルスキル・トレーニングＳＳＴスタートブック
参考：本研究における就労支援機関への調査

「丁寧な言葉で話そう」

丁寧な言葉を使って話す練習をする

敬語の指導を含めた指導事例

● ねらい ｜ 目上の人に対して丁寧な言葉遣いができる

	指導例	指導のポイント
導入	○ 実習や就労先では目上の人に丁寧な言葉遣いをすることが大切であることを伝える。	**使用頻度が高い敬語（例）** （外部の方の問い合わせに対応する場合） ・校長先生は<u>いません</u>。 　　　　　→ **おりません。** ・副校長先生にプリントを<u>渡しました</u>。 　　　　　→ **お渡ししました。** ・担任の先生は給食を<u>食べて</u>いました。 　　　　　→ **召し上がって**いました。
展開	（1）基本的な敬語について確認する。 （2）使用頻度が高い敬語を提示し、実際に使う練習をする。 （3）丁寧な言葉遣いをすると、どんなよいことがあるか説明する。	［丁寧な言葉遣いができる］ 　↓　　　　　↓ きちんとした人　好感がもてる人 丁寧な言葉遣いをすると、上の図のようなメリットがあることを伝えるとよいですね。
まとめ	○ 本時の学習をまとめる。	

**敬語の学習は国語科の教師と連携することも大切です。
この授業では「目上の人には丁寧な言葉遣いをする」
ということがポイントになりますね。**

参考：本研究における就労支援機関への調査

事例 B-8 (3) 「場面に応じた言葉を選ぼう」

相手や場面にふさわしい言葉を選ぶ

敬語の指導を含めた指導事例

● ねらい｜相手や場面に応じた言葉遣いができるようになる

	指導例	指導のポイント
導入	○ 相手や場面に応じて適切な言葉遣いをすることが必要であることを伝える。	＜場面（例）＞ 部活動の打ち上げで、高等部1年生から3年生、顧問の先生も一緒に楽しんでいる。
展開	○ 様々な場面を写真やイラストで示す。その場面に応じた、適切な言葉を選択肢の中から選ばせる。	楽しい雰囲気で仲良くなれたので、先輩にもタメ口でOK！ **「先輩、ナイスプレイだったよ！」** ✕ 楽しい雰囲気でも先輩は先輩！丁寧な言葉遣いに尽きる。 **「先輩、素晴らしいプレイでした！これからもよろしくお願いします！」** ○
まとめ	○ 本時の学習をまとめる。	生徒の実態に応じて場面設定の難易度を変えると効果的です。

楽しく学習できるように、イラストや写真を工夫したり、ロールプレイングを取り入れたりしてもよいですね。

参考：本研究における教師へのアンケート調査（特別支援学校での実践より）

事例 B-9 (1) 「他者との距離を考えようⅠ」

他者との具体的な距離を考える

具体的事例を用いた指導事例

● ねらい：一般常識としての、他者との距離を確認する

	指導例	指導のポイント
導入	○ 高校生として、社会人として、他者との距離を考えて行動することは大切であることを伝える。	○ 友達同士、仲良のいいあまりボディタッチをする生徒もいます。しかし、高校生であることを自覚して他者との適切な距離を指導する必要があります。
展開	○ パーソナルスペースと具体的な距離の取り方を説明する。 ○ 過度な身体接触や必要以上の身体接触をした場合、どんな不利益が起こるか説明する。	パーソナルスペースの考え方や人との具体的な距離の取り方は、生徒の実態に応じて設定する必要があります。 (例) ・人から腕の長さ分をパーソナルスペースと考える。 ・ハイタッチ、握手、肩を軽くたたく、といった身体接触は異性とはしない。 <div style="text-align:right">など</div>
まとめ	○ 本時の学習をまとめる。	たとえ、親しみを込めたハイタッチのつもりでも、相手も同じ気持ちとは限らないことを伝えましょう。

仲良しの友達にも必要以上の接触はしない、ということを日常的に指導し、日頃から見守ることが大切です。

参考文献：発達障害のある子のサポートブック

事例 B-9(2) 「他者との距離を考えようⅡ」

相手によって適切な距離を置くことが必要なことを知る

具体的事例を用いた指導事例

● ねらい｜相手に応じた距離について理解する

	指導例	指導のポイント
導入	○ 相手に応じて距離の置き方は異なることを伝える。	○ 相手が家族や同性の友人であれば身体接触がOKでも、異性の友人に接触することは、大人では許されないことがあります。就労してから指導することは難しいため、生徒の実態に応じた指導を行いましょう。
展開	(1) 相手に応じた、適切な距離を説明する。 (2) 同性の友達との距離、異性の友達との距離を実際に体験させる。 実際に距離を体験させることで、距離の感覚をつかませましょう。	**距離の取り方（例）** <家族> 最も身近な存在。接触してOK。ただし年齢にふさわしいかかわり方を意識することも必要。 <同性の友達> 親しい友人ならハイタッチや肩たたき程度はOKな場合もある。職場や公共の場などで手をつなぐ、抱き合う等は好ましくない。 <異性の友達> 腕一本分の距離をとる。親しい仲でも体に触れるのはNG。
まとめ	○ 本時の学習をまとめる。	

上記はあくまでも例です。児童・生徒の実態や学校の考え方等により、適切に指導しましょう。また、LGBTの児童・生徒がいる場合、十分に指導内容を検討する必要があります。

参考：本研究における教師へのアンケート調査（特別支援学校での実践より）

事例 B-9 (3) 「SNSを用いた友達との付き合い方を考えよう」

SNSの正しい使い方を覚える

<インターネットにおけるコミュニケーションの特徴>
① 世界中の人が見ることができる
② 一度出回った情報は消せない
③ 情報をそのまま信じてはいけない
④ 面と向かって言えないことは書かない

「SNS東京ルール」の策定について
http://www.metro.tokyo.jp/INET/OSHIRASE/2015/11/DATA/20pbq200.pdf

<プライバシーの書き込みの注意点について>
　インターネットで公開した情報は、いろいろな人が閲覧する可能性がある。そのため、インターネット上で、氏名、年齢、住所、電話番号、自分の写真といった作成者自身の個人に関する情報を公開することの危険性について、きちんと認識しておかなければならない。インターネット上に情報が公開されていることに変わりはないということを念頭に置いて、書き込む内容には十分注意をしながら利用することが大切。

「国民のための情報セキュリティサイト」総務省
http://www.soumu.go.jp/main_sosiki/joho_tsusin/security/enduser/security02/05.html

SNSに関する正しい知識を伝える指導事例

● ねらい
・SNSに関する正しい知識を身に付ける
・SNSを正しく活用し友達と良好な関係を保つことができる

	指導例	指導のポイント
導入	○ SNSの正しい使い方や注意点を学習することを伝える。	○ 十分な知識がないままにSNSを活用して傷付いてしまう生徒も見受けられます。
展開	(1) SNSに関する基本的な知識を身に付けさせる。 (2) SNSを活用する上での注意点を視覚的に分かりやすく説明する。 (3) SNSで困ったことや怖かったこと等を挙げさせる。 (4) 挙げられた回答から2つ程度取り上げて、解決策を生徒に考えさせる。 (5) 教師による解説を行う。	<予想される回答> ・「既読」になったのに、友達から返信がなく嫌な気持ちになった。 ・メール等で悪口を言われた。 ・メールアドレスを直接教えていない人からメールが届いて怖かった。
まとめ	○ 本時の学習をまとめる。	

「SNS東京ルール」を教室に掲示する等して、日頃からSNSについて考える機会を作りましょう。

参考　・「SNS東京ルール」東京都教育委員会
　　　・「国民のための情報セキュリティサイト」総務省

事例 B-10 (1) 「雑談をしよう」

休憩時間等の雑談への対応の仕方を知る

ワークシートを用いた指導事例

● ねらい｜休憩時間の過ごし方にイメージをもつ

	指導例	指導のポイント
導入	○ 実習先や就労先によっては、休憩時間に他の社員と一緒に過ごす場面があり、その際に円滑にやり取りをして過ごすことが大切であることを伝える。	自分に興味のない話題には一切入らない児童・生徒がいます。休憩時間中など、周りの人の雑談に入らないことで少しずつ居心地が悪くなったりストレスを感じたりする人もいます。
展開	(1) 休憩時間中の雑談の例を挙げる。 (2) 興味のない話に対する態度の取り方を説明する。 (3) ロールプレイングで練習をする。	<雑談の例> ・テレビ番組の話 ・音楽の話 ・その他、そこにいる人たちにとって面白い話 <興味のない話への態度の取り方(例)> ・少しだけ笑顔で、「うんうん」とうなずき関心を示す。 ・「その話題には詳しくないけど気になります！」などと言ってその場に合わせる。
まとめ	○ 本時の学習をまとめる。	興味がないから無視をする、全く参加しない、ということは可能な限り避けた方が無難です。

休憩時間の過ごし方について困っている児童・生徒は少なくなく、問題意識をもっている先生方も非常に多いため、指導の必要性は高いですね。

参考：本研究における教師へのアンケート調査（特別支援学校での実践より）

事例 B-10 (2) 「冗談について考えようⅠ」

冗談とは何かを知る

ワークシートを用いた指導事例

● ねらい｜冗談を受け流すことができる

	指導例	指導のポイント
導入	○ 普段何気なく使ったり聞いたりする「冗談」への対応について考えることを伝える。	自閉スペクトラム症の児童・生徒は特に、言葉を字義どおりに受け止めることがあるため、比喩や冗談が分からないことがあります。児童・生徒によっては冗談を言われると怒り出す場合もあります。
展開	(1)「冗談」とは何か、説明する。 　　「冗談」：ふざけて言う話。（広辞苑より） (2) 日常でよく聞かれる「冗談」の例を挙げて、意味を考えさせる。 (3) 例として挙がった「冗談」を見て、嫌な気持ちになった人は挙手をさせたり、「冗談」の意味を答えさせたりする。 (4) 実習や就労後、職場の方との会話の中で、様々な「冗談」を言われることもあり得ることを伝える。 (5) ワークシートを用いて、「冗談」に対する対応方法を考え、記入させる。	冗談とは何かを知り、「受け流す」ことができるように支援をすることが大切ですね。 <冗談の例> ・「○○さんは忘れ物が多いから、2年生になれないんじゃない？」 ・「そんなに逃げ足速いならオリンピックにでられるんじゃないかな！」
まとめ	○ 本時の学習をまとめる。	「冗談」が分からない、また、「冗談」が好きではない人にとって、上手に「受け流す」ことが大切であることを説明しましょう。

具体的にイメージしやすい事例を挙げて指導を進めるとよいですね。

参考：本研究における就労支援機関への調査

事例 B-10(3) 「冗談について考えようⅡ」

冗談を個々のやり方で受け流すことができるようになる

ディスカッションを取り入れた指導事例

● ねらい｜冗談を受け流せるようになる

	指導例	指導のポイント
導入	○「冗談」を真に受けず、受け流すことが人間関係を良好に保つコツだと伝える。	教師が冗談をうまく受け流せたエピソードや、冗談に関して困ったときのエピソードを例に挙げてもよいですね。
展開	(1) 実習や就労後、職場の人との会話の中で、様々な「冗談」を言われることもあり得ることを伝える。 (2) ワークシートを用いて、自分なりの「冗談」に対する対応方法を考え、記入させる。 (3) グループディスカッションをさせる。	**グループディスカッションの流れ（例）** ① ワークシートに書いた内容を一人ずつ発表する。 ② それぞれの、冗談に対する受け流し方について、グループ内で話し合う。良い方法は共有し、アドバイスをし合う。 友達からのアドバイスなら受け入れやすい場合もありますね。
まとめ	○ 本時の学習をまとめる。	

児童・生徒それぞれの方法で「冗談」が受け流せるように、教師も一緒に考え、支援しましょう。

「わたしは冗談がわからない」ということを、事前に周囲の人に伝えることも大切ですね。

参考：本研究における就労支援機関への調査

事例 C-11 (1) 「適切な行動ができるようになろうⅠ」

その場の状況に応じた適切な行動をとる練習をする

ソーシャルストーリーによる指導事例

● ねらい｜他者に受け入れられる行動ができる

ワークシート P118

	指導例
導入	○ 素敵な社会人になるためにその場の状況に応じた行動をとることが大切であることを伝える。
展開	(1) 集団の中で、みんなとは違う行動をして嫌な気持ちになった経験について、教師が自分の体験をエピソードとして話す。 <例> 体育係は先生から早く体育館に行くように言われたが、忘れていたため、体育館に行くのが遅れて友達に迷惑をかけた。→友達に悪いことをして落ち込んだ。 (2) 日頃の児童・生徒の様子を見て、多くの児童・生徒に共通して課題となっているエピソードを複数提示する。 (3) その経験について、ソーシャルストーリーを作る場面を設定する。（例は以下のとおり） (4) 教師が各グループの取組について指導・助言する。
まとめ	○ 本時の学習をまとめる。

＜ソーシャルストーリーの例＞

1　私は、 自分が話したいことを、話したいときに、急に話してしまいます。
　　それで、友達から「今その話はしてない」と言われてしまいます。
2　大丈夫です。みんな、自分のタイミングで話したくなるものです。
3　タイミングが分からないときは、友達に
　　 「ゲームの話をしたいんだけど、今話しても大丈夫？」
　　と、聞けばいいのです。
4　そうすれば、話をするタイミングが分かります。

児童・生徒が記入します

それ以外は教師が個々の実態に応じて記入します

ソーシャルストーリーを使って、児童・生徒が困っていることに対する解決策を一緒に考えましょう。

参考文献：発達障害のある子へのサポート事例集（小学校編）
参考文献：ＬＤ、ＡＤＨＤへのソーシャルスキルトレーニング

事例 C-11 (2)

「適切な行動ができるようになろうⅡ」

モデルとなる人の行動をまねる

ワークシートを用いた指導事例

● ねらい： その場の状況が分からず困ったときに、モデルとなる人の行動をまねる力を付ける

ワークシート P119

	指導例	指導のポイント
導入	○ 次に何をすればよいのか、その場の状況が分からず困ってしまったとき、周囲に尋ねることが難しい場合もある。そのような時はあらかじめモデルとしたい人を決めておき、その人の行動をまねする、という方法があることを伝える。	教師にとっても、モデルとなる人がいると思います。指導者自身のエピソードも紹介すると、児童・生徒の関心や意欲が高まりそうですね。 <ワークシートの例> モデルにしたい人を見付けよう 名前（　　　） モデル（お手本）にしたい人 [　　　　] どんなところをお手本にしたいのか [　　　　] メモ [　　　　]
展開	(1) クラスや作業学習等で一緒の友達の中で、モデル（行動のお手本）をワークシートに記入させる。 (2) その人のどのようなところをお手本にしたいのか、記入させる。 (3) 実習先や就労先でも、「○○さんの○○というところが素晴らしい」と思える人を見付けることが大切であると伝える。 (4) 次の行動に困ったときはモデルの行動をまねることを伝える。	
まとめ	○ 本時の学習をまとめる。	

他者の素晴らしいところを見付ける経験は大切です。

参考文献：ＬＤ、ＡＤＨＤへのソーシャルスキルトレーニング
参考：東京学芸大学　特別支援科学講座　小笠原研究室 HP

事例 C-11 (3) 「適切に報告、連絡、相談をしよう」

報告、連絡、相談の練習をする

ICTを用いた指導事例

● ねらい：状況に応じて、報告、連絡、相談をする力を付ける

	指導例	指導のポイント
導入	○ 校内だけでなく、実習先や就労先で必要な力の一つが「報告、連絡、相談」であり、所作についてもきちんとできていなければならないことを伝える。	
展開	(1) 報告、連絡、相談の際の具体的な台詞を提示し、練習させる。 (2) 姿勢、目線、立ち位置等について説明する。 (3) 正しい姿勢、目線、立ち位置等を練習させ、その様子をタブレット端末等で録画する。 (4) 映像を見せて全体で共有し、振り返りをさせる。よくできている部分を適切に評価する。	 発言そのものだけでなく、姿勢、目線、立ち位置等の所作も大切です。 自分ではできているつもりでも、映像で振り返ると、自己の課題を明らかにすることができますね。ICTを効果的に活用しましょう。
まとめ	○ 本時の学習をまとめる。	

児童・生徒の身近なモデルとして、教師も手本を示し、児童・生徒にとって良い参考となるようにしましょう。

参考：本研究における教師へのアンケート調査（特別支援学校での実践より）

事例 C-12 (1)

「正確に伝えよう」

ゲームをとおして相手に伝わるように話す練習をする

積み木を用いた指導事例

● ねらい｜相手が理解できるように伝える力を付ける

	指導例	指導のポイント
導入	○ 自分の意思を相手に正確に伝えられていないことがあることについて説明する。	○ 就労先では、卒業生が自ら伝える力の弱さを指摘されることがあります。高等部段階で、個々に応じて正しく伝える方法を身に付けさせましょう。
展開	(1) 児童・生徒の相性等を考慮し、ペアを作る。 (2) ゲームのルールを説明する。 (3) ゲームを行う。交代で2人とも行うようにする。 (4) ゲームに取り組んだ感想を聞く。 (5) 言葉で伝えることの難しさについて解説する。 (6) どのように伝えれば良いか、見本を示す。	日頃あまり接点のない児童・生徒でペアを組ませる方が好ましいですね。 <ルール（例）> ア ペアの1人は積み木の写真カードを受け取る。 イ もう1人は積み木を受け取る。 ウ 積み木を受け取った人は写真カードを絶対に見ないようにする。 エ 写真カードを持っている人は、積み木の色や形を口頭で伝え、もう1人は言われたとおりに積み木を積んでいく。 オ 制限時間は5分で行う。 積み木の写真カード（例）
まとめ	○ 本時の学習をまとめる。	

児童・生徒の実態に応じて、積み木の完成図の難易度を調整するとよいですね。

参考：本研究における教師へのアンケート調査（特別支援学校での実践より）

事例 C-12 (2) 「自己表現をしよう」

30秒スピーチを行い、話の内容を相手に伝える練習をする

コメントカードを用いた指導事例

● ねらい｜相手が理解できるように伝える力を付ける

	指導例	指導のポイント
導入	○ 伝えたい事を相手に伝える力を付けるためには繰り返し練習することが大切であることを伝える。	上手に話すことを重視するのではなく、ここでは「褒める観点」を見付けて褒め、児童・生徒に自信を付けさせることが大切です。 （例）相手の顔を見て話せた、相手に伝わる声の大きさで話せた　等
展開	(1) 30秒スピーチのテーマを提示する。 (2) スピーチの内容を考える時間を設ける。 (3) 全員にスピーチをさせる。その際、聞く側にはコメント用紙を配布し、コメントを書かせる。 (4) 教師は一人一人のスピーチの後に、良かったところを取り上げて称賛する。 (5) コメントカードは記録用に一度回収する。その後、コメントカードを児童・生徒に戻し、児童・生徒が自分の良いところをまとめられるようにする。	スピーチの基本的な型（例） ・あいさつ（おじぎ） ・○○についてお話します。 ・（話す） ・○○についての話は以上です。 ・あいさつ（おじぎ） ＜コメントカード（例）＞ （　　　）さんへのコメント よかったところ アドバイス
まとめ	○ 本時の学習をまとめる。	

友達からのコメントは、児童・生徒の自信につながります。

参考：本研究における教師へのアンケート調査（特別支援学校での実践より）

| 事例 C-12 (3) | 「プレゼンをしよう」 |

 プレゼンテーションをする

プレゼンテーションによる指導事例

● ねらい｜伝えたいことを相手に伝える力を付ける

	指導例	指導のポイント
導入	○ 実習時や就労時には学校と違い、自分の力で伝えたい事を発信していく力が必要であることを伝える。	就労後、自分の意思を相手に適切に伝えることが難しい生徒が多い、という報告があります。高等部段階から意図的に指導を進めましょう。
展開	(1) プレゼンテーションのテーマを提示する。（ここでは「現場実習の報告」にします） (2) 同じ実習先や職種の人でグループを決める。 (3) プレゼンテーションの原稿やポスター等を作成する時間を設ける。 ＩＣＴを活用したプレゼンテーションの場合、準備に２単位時間程度が必要になりますね。また、ポスターに貼る写真等も生徒に印刷させたりする場合、時間がかかります。授業計画をしっかりと立てましょう。 (4) 発表させる。	 原稿の作り方や話の仕方も適宜指導しましょう。また、教師による称賛で、生徒に自信を付けさせることが大切です。 
まとめ	○ 本時の学習をまとめる。	

プレゼンに使ったポスター等は廊下に貼りだしたりして、他の教師からも意見をもらいましょう。

参考：本研究における教師へのアンケート調査（特別支援学校での実践より）

事例 C-13 (1) 「気持ちを把握しよう」

自分の気持ちを把握する練習をする

「気持ちのバロメーターシート」を用いた指導事例

● ねらい｜自分の気持ちを客観的に捉えることができる

ワークシート P120

	指導例	指導のポイント
導入	○ 自分の感情をコントロールできるようになるために、まずは自分の気持ちを把握することが大切であることを伝える。	
展開	(1) 気持ちのバロメーターシートに記入させる。 教師が設定し、記入させる 児童・生徒にはここに記入させる (2) グループで見せ合う時間を設ける。	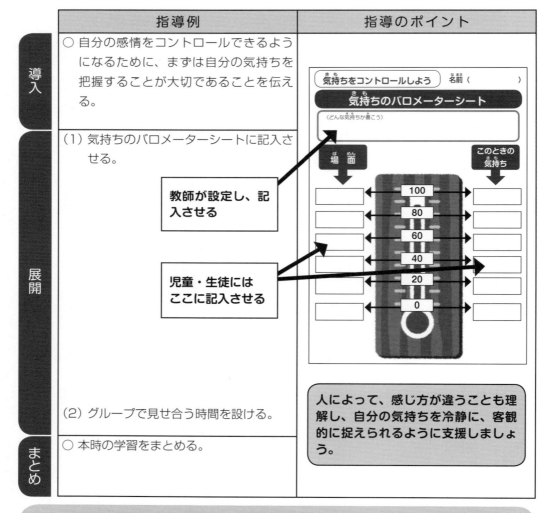 人によって、感じ方が違うことも理解し、自分の気持ちを冷静に、客観的に捉えられるように支援しましょう。
まとめ	○ 本時の学習をまとめる。	

怒りの気持ち、嬉しい気持ち、癒し、など、いろいろな「気持ち」のバロメーターを考えさせることで、「気持ちを切り替える方法」に気付かせることができます。

参考文献：特別支援教育をサポートするソーシャルスキルトレーニング（SST）実践事例集

事例 C-13 (2) 「気持ちを切り替えよう」

気持ちの切り替えスイッチを見付ける

ワークシートを用いた指導事例

● ねらい｜気持ちを切り替えられるようになる

ワークシート P121

	指導例
導入	○ 嫌な気持ちになったりストレスがたまったりするときに、自分なりの方法で対応することが大切であることを伝える。
展開	(1) マイナスの感情（嫌な気持ちや憂鬱な気持ち）をプラスの感情に切り替えられたエピソードについて、校内の先生にインタビューする時間を設定する。 ＜インタビューの流れ＞ ・2人1組で行う。 ・誰にインタビューするのか決める。（教師が指定した人の中から選ばせる） ・その場で聞いたことを「気持ちの切り替えシート」に記入させる。 (2) 「気持ちの切り替えシート」を基に、ワークシートを用いて「気持ちの切り替えスイッチ」を考えさせる。
まとめ	○ 本時の学習をまとめる。

インタビューの質問項目

・あなたは、気持ちが落ち込むときがありますか？
・それはどんなときですか？
・どのような方法で、気持ちを切り替えますか？

インタビューシート

●インタビューをした人
（　　　　　　　　　　）
●どのようなときに気持ちが落ち込むのか
（　　　　　　　　　　　　　　　　　）
●気持ちを切り替える方法

気持ちの切り替えシート
名前（　　　　　）

● どのようなときに気持ちが落ち込む？
（　　　　　　　　　　）
↓
● どのような気持ちになる？
（　　　　　　　　　　）
☆ その気持ちを切り替える方法は？
（　　　　　　　　　　）

私の、気持ちの切り替えスイッチは

です。

> インタビューの時に話してもらう内容を、協力してくれる教師と事前に打ち合わせておくとよいでしょう。

参考文献：特別支援教育をサポートするソーシャルスキルトレーニング（SST）実践事例集

事例 C-13 (3) 「感情をコントロールしよう」

感情をコントロールする練習をする

アンガーマネジメントの手法による指導事例

ワークシート P122

アンガーマネジメントとは

アンガーマネジメントとは、1970年代にアメリカで始まったアンガー（イライラ、怒りの感情）をマネジメント（上手に付き合う）するための心理教育です。

アンガーマネジメントを学ぶ事によって、自分自身の怒りを理解し、コントロールしたり、癒したり、ポジティブなものへ変換させたり、自分の中でたくさんの変化が生まれ、感情がさらに豊かになり、職場での問題解決や、夫婦や友人、人間関係全般、自分の周りに関係するあらゆる物事に良い循環が生まれます。

一般社団法人　日本アンガーマネジメント協会
https://www.angermanagement.co.jp/about

● ねらい｜感情をコントロールすることができる

	指導例	指導のポイント
導入	○ 自分なりの方法で、感情をコントロールすることが大切であることを伝える。	感情コントロールシート ① 激怒してしまったときの応急処置 ② 激怒する原因 ③ 自分の特性の理解 ④ 適切な、怒りの表現方法 ⑤ ロールプレイを通して考えたこと
展開	(1)「感情コントロールシート」に記入させる。 (2) ロールプレイングで定着させる。 　・児童・生徒が記入した「感情コントロールシート」をロールプレイングのテーマに設定する。 　・児童・生徒5人程度でグループを作り、児童・生徒が自分で記入したシートの④を実践させる。 　・シートの⑤に記入させる。	
まとめ	○ 本時の学習をまとめる。	

参考　・本研究における教師へのアンケート調査（特別支援学校での実践より）
　　　・本研究における就労支援機関への調査
　　　・一般社団法人　日本アンガーマネジメント協会ＨＰ

事例 C-14 (1) 「ストレス解消法を知ろうⅠ」

ストレスの原因を考える

話し合い学習による指導事例

● ねらい｜ストレスの原因を知る

	指導例	指導のポイント
導入	○ストレスは誰にでもあり、仕事等では今より多くのストレスを感じるようになる。ストレスの原因を知り、ストレスと上手に付き合うことが大切であることを伝える。	**ストレス反応** (1) 心理面の反応 　不安、イライラ、恐怖、落ち込み、緊張、怒り、集中困難、思考力低下など (2) 行動面の反応 　怒りの爆発、けんかなどの攻撃的行動、過激な行動、泣くなど (3) 身体面の反応 　動悸、異常な発熱、頭痛、腹痛、疲労感、食欲の減退、嘔吐、下痢など
展開	(1) 身体と心に生じるストレス反応について説明する。 (2) ストレスの原因について、ペアで話し合う時間を設ける。 (3) 話し合ったことを発表させる。	「こんな経験はないかな？」などと問いかけて、児童・生徒がストレスを自覚できるようにしましょう。
まとめ	○本時の学習をまとめる。	

まずは、自分がどんなときに、どのようにストレスを感じているのか、児童・生徒に自覚させることが大切です。

参考：本研究における就労支援機関への調査

事例 C-14 (2) 「ストレス解消法を知ろうⅡ」

自分なりのストレスの解消法を考える

ワークシートを用いた指導事例

● ねらい｜ストレスを上手に解消する力を付ける

ワークシート P 123

	指導例	指導のポイント
導入	○ ストレスの解消法は人それぞれ異なるので、自分なりの方法で上手に解消することが大切であることを伝える。	**私のストレス解消法** ｜ストレス｜解消法｜ ｜---｜---｜ ｜（例）予定が変更になった｜（例）手帳に新たな予定をすぐ記入する｜ ｜｜｜ ｜｜｜ ＜メモ＞
展開	(1) 最近、ストレスを感じたことについて発表させる。 (2) そのストレスの原因について、ペアで話し合う時間を設ける。 (3) いくつかの事例を挙げ、共有した後、自分なりのストレス解消法について考えさせ、ワークシートに記入させる。 (4) 記入した内容について少人数グループで発表し合う時間を設ける。参考になる意見があればメモしたり追記したりさせる。 ここではストレスの原因についてよりも、ストレス解消法について話し合う時間を多くとりましょう。	解消法が思いつかない児童・生徒には個別に支援することが大切です。また、よい解消法があれば取り上げて、他の児童・生徒の参考になるようにしましょう。
まとめ	○ 本時の学習をまとめる。	

日常生活で自ら実践できるように働きかけていくことが大切です。他の教師とも連携して進めましょう。

参考：本研究における教師へのアンケート調査（特別支援学校での実践より）

事例 C-14 (3)　「ストレスと上手に付き合おう」

ストレスと上手に付き合う方法を知る

＜心のケアとストレスマネジメント＞

ストレスマネジメントとは

ストレッサー（様々な出来事）に対する人間の心身のメカニズムや反応を理解し、ストレス反応を軽減あるいはストレス障害の予防や回復を行うこと。

ストレスについて

人間は、人生の中で様々な出来事（ストレッサー）に遭遇するが、その遭遇した出来事が自分の対処能力を超えた脅威であると感じる時に、ストレス反応と呼ばれる症状や行動を生じさせる。

ストレス対処の基本

ストレスに対処するためには、ストレス反応の発生メカニズムの各要因である「ストレッサー」「認知的評価・対処能力」「ストレス反応」に、それぞれ働きかけることが必要である。各要因への対処法として11の方法を取り上げる。これらのストレス対処法は以下のとおり。

ストレッサー → 認知的評価・対処能力 → ストレス反応（心・行動・身体）
↑　　　　　　↑　　　　　　　　↑
A 問題解決　　D 認知の仕方　　　I 休養・睡眠・栄養・運動
B 環境変化　　E 対処スキルの獲得　J 感情の表現・発散
C 思考しない　F 自己コントロール力　K 心身のリラックス
　　　　　　　G 自己・他者信頼　　L リラクセーション法
★ H ソーシャル・サポート

「第2章 心のケア 各論」文部科学省
http://www.mext.go.jp/a_menu/shotou/clarinet/002/003/010/004.htm

ストレスマネジメントの手法を生かした指導事例

● **ねらい**　ストレスと上手に付き合う方法を知る

● **展開**　ここでは上の□の中の★の「ソーシャル・サポート」へのアプローチを取り上げる。

　● 一人の力では対処できないことでも、援助してくれる人がいる場合、問題を解決したり、気持ちを前向きにして頑張ったりすることができる。このことから、
　　ア　話をすること、気持ちを表現することは、ストレスを解消する重要な方法であることを伝える。
　　イ　そのためには、話を聞いて、気持ちを受け止めてくれる人の存在が必要であることを伝え、誰になら話せそうか考えさせる。

児童・生徒個々の実態に応じてアプローチの方法を変える。

ストレス状態にある児童・生徒が孤立無援な状態にならないよう、温かな関わりを行うことが重要です。

参考　・本研究における就労支援機関への調査　・「第2章 心のケア 各論」文部科学省

事例 C-15 (1) 「自分について知ろう」

「生活適応支援チェックリスト」に取り組む

「生活適応支援チェックリスト」を用いた指導事例

● ねらい｜自己理解を図ることができる

	指導例	指導のポイント
導入	○ 対人関係の力を付けるためには、まず自分について知ることが大切であることを伝える。	○ 就労先などで合理的配慮を受けるためには、障害のある人が自分に必要な配慮を自ら相手に伝えることも大切です。就労に向けた面接時にも、配慮が必要なこと等を聞かれることがあります。保護者や教師だけでなく、質問を受けた生徒自身が自分の言葉で自分のことを答えられる準備をしておくことは重要です。
展開	(1) 「生活適応支援チェックリスト」について説明する。（p.17 使い方ガイドを参照） (2) チェックリスト（p.19～22）に取り組ませる。 (3) 自己評価と他者評価を見比べて、評価が異なる項目にチェックする。 (4) 自己評価と他者評価、どちらも評価が高かった項目に桃色のラインを引く。次に評価が低かった箇所の中で、自己の課題と考えられる箇所に青色のラインを引く。	自己の課題を見付けることだけが目的ではありません。自信のもてる項目にも注目し、更に伸ばすことができるような声掛けを行いましょう。 他者評価は、生徒とともに、複数の教師が行うことで客観性が増します。
まとめ	○ 本時の学習をまとめる。	

自己の課題となるところについては、次のページで作成する「私の説明書」に反映させるとよいですね。

参考 ・本研究における就労支援機関への調査
・本研究における教師へのアンケート調査（特別支援学校での実践より）

事例 C−15 (2) 「私の説明書を作ろう」

自分のことを他者に説明するための「私の説明書」を作る

「説明書」の作成に関する指導事例

● ねらい：他者に自分の得意なことや苦手なこと、手伝ってほしいことを伝える

ワークシート P 124

	指導例	指導のポイント
導入	○ 実習の面接等では、得意なことや苦手なこと、配慮が必要なことなどを答えられるように準備しておく必要があることを伝える。	○「できないこと」を伝えるより、「○○のような手助けがあればできる」ということを伝えられるようにすることが大切です。
展開	(1) 実習先や就労先で初めて会う人に、「簡単な自己紹介」だけでなく、自分のことを詳しく伝える必要があることを伝える。その際に、「私の説明書」があると便利であることを説明する。 (2)「私の説明書」の作成について説明する。 (3)「私の説明書」の作成に取りかかる。	<「私の説明書」の作成の仕方（例）> ア 実習先や就職先の人などに伝えたいことを考える。 イ まずは用紙に記入してみる。 ウ 「私の説明書」が完成したら、進路指導部の先生に見てもらう。 エ 完成した「私の説明書」を基に、自分のことを周りに伝えてみる。 「私の説明書」には家族や身近な人にも書き加えてもらいましょう。 合理的配慮の提供を受けるためには、どのような手助けが必要なのかを自ら発信することが必要です。
まとめ	○ 本時の学習をまとめる。	

自分の苦手なことなどの説明ではなく、良いところ、得意なことも説明できるように指導することが大切です。

参考：本研究における就労支援機関への調査

事例 C-15 (3)

「自分について話そう」

自己紹介の練習をする

「私の説明書」を用いた指導事例

● ねらい｜自己紹介ができるようになる

	指導例	指導のポイント
導入	○ 自分の得意なことや苦手なこと等を、周りの人や初対面の人に適切に伝えることは大切であることを伝える。	何も見ないで伝えることは難しい児童・生徒が多いので、はじめに「私の説明書を見ながら話していいよ！」と伝えて安心させましょう。
展開	○ 自分の言葉で自分のことを他者に伝える練習をする。 （個人➡3人程度の少人数グループ）	鏡の前で練習したり、声に出して繰り返し練習したりさせるなど、時間設定も含めて児童・生徒の実態に応じて工夫しましょう。 3人程度のグループだと、相互評価がしやすいですね。
まとめ	○ 本時の学習をまとめる。	

慣れてきたら、進路指導部の教師などの協力を得て自己紹介の練習をする機会を設けてみましょう。

参考：本研究における就労支援機関への調査

事例 D-16 (1) 「自分の役割を果たそう」

自分の役割を覚える

個に応じた指導事例

● ねらい　自分の役割を理解し実行する力を付ける

	指導例	指導のポイント
導入	○ 集団生活では一人一人の「役割」があり、それを果たすことが大切であることを伝える。	○ 発達障害のある児童・生徒の場合、自分が集団の中で役割の一部を担っているという意識が薄く、責任を取って取り組むことができない場合があります。 **本人は怠けているわけではないのに、誤解をされてしまうことがあります。** （吹き出し：本人が悪いわけではないのに周囲に誤解されることがないよう、きめ細やかな配慮が必要です。）
展開	○ クラス内の係を決める際、個々の実態に応じた役割分担になるように工夫する。 ○ 自分の役割が理解できない、うっかり忘れてしまう等、個々の実態に応じた支援を行う。	＜対応する際の留意点＞ ・特定の児童・生徒にだけ声掛けをするのではなく全体への声掛けを行うことで、対象児童・生徒が「あ！そうだった」と気付けるようにする。 ・対象児童・生徒の課題に合わない平易な仕事ばかり担当させて、他の児童・生徒に不公平感をもたせないようにする。 ＜自主的に役割を果たせるようにするための具体的な支援方法＞ ・何につまずいているのか、見極める。 ・手順をマニュアル化する。例えば、掃除の流れは児童・生徒全員が視覚的に分かり易くした方が良いので、対象児童・生徒への「特別な教材」としてではなく、教室に掲示して皆がいつでも見られるようにする。
まとめ	○ 本時の学習をまとめる。	

対象の児童・生徒への支援だけを考えるのではなく、まずはユニバーサルデザインの視点から「だれもが分かる」支援を行うことが大切です。

参考文献：発達障害のある子のサポートブック

事例 D-16 (2) 「マニュアルを見て取り組もう」

マニュアルを見て仕事をする練習をする

マニュアルを用いた指導事例

● ねらい｜マニュアルを見て、指示されたとおりに活動することができる

	指導例	指導のポイント
導入	○ 現場実習等では、仕事の手順がマニュアル化されていることも多く、マニュアル通りに、正確に仕事をすることが求められることを伝える。	○「言われた通りに仕事をする」ことが難しい生徒がいます。つい余計なことをしてしまったり、自己流にアレンジしてしまったりして注意を受ける生徒も時々見られます。
展開	(1) 事務仕事や清掃等、取り組む仕事の手順をマニュアルにして生徒に渡す。 (2) マニュアルどおりに仕事が進められたか、チェック表などを活用して確認する。	仕事の手順をマニュアル化し、生徒が一つ一つ確認しながら仕事を進められるように指導しましょう。 ＜マニュアルの例＞ 「修学旅行のしおり」作成のマニュアル 1 見本のページ番号を確認する。 2 見本を見て、両面印刷のものはAのファイル、片面印刷のものはBのファイルに入れる。 3 Aのファイルの担当、Bのファイルの担当を決める。 4 2台の印刷機に分かれて印刷する。 5 見本のとおりに丁合いする。 6 ステープラーで留める。
まとめ	○ 本時の学習をまとめる。	

生徒が見て分かり易いマニュアルを作成することが大切です。スモールステップで進めていきましょう。

参考：本研究における教師へのアンケート調査（特別支援学校での実践より）

「自分の知らない良いところを知ろう」

自分の長所を友達に教えてもらう

相互評価による指導事例

● ねらい｜自分に自信をもつことで「人の役に立ちたい」という気持ちをもつ

	指導例	指導のポイント
導入	○ 集団生活では一人一人の「役割」があり、全員が必要な存在であることを伝える。	○ 自分は必要な存在なんだ！と思えるためには、他人に自分のよさを認めてもらうなど、自己肯定感を高める必要があります。
展開	(1) クラス内の係の仕事や学年内の役割（宿泊学習の際の学年の係分担）、校内での役割（生徒会等）において、一人一人が必要な存在であることを伝える。 (2) 友達の良いところ、素晴らしいところや頑張っているところについて、お互いに把握し、評価し合う場面を設定する。 (3) みんなそれぞれ良いところがあり、人の役に立っている、ということを伝える。	日頃、一人一人が頑張っていることを具体的に挙げてみましょう。 <流れ（例）> ア お互いが見えるように座席を円形にさせる。 イ 付箋紙を配布する。 ウ 友達1人につき、付箋紙を1枚使用し、良いところを1つ以上記入させる。 エ 友達全員分記入が終わったら教師が回収する。 オ 書いた人の名前は言わずに、付箋紙の内容を発表する。 カ 発表してもらった人は、忘れないようにメモをするよう促し、発表の内容については教師がコメントを加える。
まとめ	○ 本時の学習をまとめる。	

自信をもち、「私は誰かの役に立っている」という気持ちをもつことで、
一人一人の良さをお互いに認め合い「もっと誰かの役に立ちたい！」という気持ちを育めるよう、支援しましょう。

参考文献：「いじめ防止教育プログラム」東京都教育委員会

事例 D-17 (1) 「交代しながら話そう」

2人で交代しながら話をする練習をする

糸電話を使った指導事例

● ねらい｜相手と交代しながら話をすることに慣れる

ワークシート P 125

	指導例	指導のポイント
導入	○ 会話を楽しく進めるためには、どちらかが一方的に話すのではなく、交代で話すことが大切であることを伝える。	**＜イラストのあるソーシャルナラティブ（例）＞** ① Aさんが話をしている。Bさんが話を聞いている。 ② Aさんが「Bさんはどう思う？」というと、「話す人」と「聞く人」が交代する。
展開	(1) ソーシャルナラティブを使用して、「話す人」と「聞く人」が交代していることを視覚的に示す。 ※ソーシャルナラティブとは… 社会的な場面を理解するための手掛かりや適切な行動の仕方などを物語で教える方法。 (2) 糸電話を使って、「話す人」と「聞く人」が交代して話をする体験をする。  糸電話を使うことで、「話す人」と「聞く人」が交代するのが分かりやすいですね。	③ 次はBさんが話をし、Aさんが話を聞いている。 イラストのあるソーシャルナラティブを工夫して示すことで、「話す人」と「聞く人」が明確になりますね。
まとめ	○ 本時の学習をまとめる。	

振り返りのポイントは、2人が交代で、同じくらいの量の話ができていたかです。ビデオで記録して振り返るのも有効ですね。

参考文献：自閉症スペクトラムソーシャルスキル・トレーニングＳＳＴスタートブック

事例 D-17 (2) 「会話のルールを身に付けよう」

ルールを守って話をする練習をする

バトンを使った指導事例

● ねらい｜会話のルールを守って交互に話をすることができる

	指導例	指導のポイント
導入	○ 人の話に割り込まないことや、一方的に話し続けない、といった「会話のルール」を身に付けることは大切であることを伝える。	会話のキャッチボールが続けられるようなテーマを設定することが大事です。グループによってテーマを変えてもよいでしょう。
展開	(1) 3～4人でグループを作る。話のテーマを提示する。 (2) 話をする際のルールを説明する。 (3) バトンを各グループに一つ渡し、トーキングタイムを実施する。 	**話をする際のルール（例）** ・バトンを持っている人だけが話します。 ・バトンを持っていない人は話を聞きます。 ・話をする人の制限時間は1分です。 「話をする人はバトンを持つ」という分かり易いルールです。 児童・生徒が楽しみながら活動できるように、テーマや制限時間の設定の工夫をしましょう。
まとめ	○ 本時の学習をまとめる。	

グループのメンバーを変えて繰り返し行ったり、児童・生徒の実態に応じてルールをアレンジして行ったりしてもよいですね。

参考：本研究における教師へのアンケート調査（特別支援学校での実践より）

事例 D−17 (3) 「話し合おう」

グループミーティングに取り組む

ミーティングを取り入れた指導事例

● ねらい： グループでお互いの話を聞いたり話したりする力を付ける

	指導例	指導のポイント
導入	○ 日常会話で、お互いにやり取りをしながら会話をすることが、よりよい人間関係につながる、ということを伝える。	楽しく気楽な雰囲気で話ができるように、静かなBGMを流してもよいですね。
展開	(1) 現場実習又は作業学習での苦労や悩みを少人数グループで意見交換する「進路ミーティング」を行うことを説明する。 (2) 少人数グループを作る。 (3) 話をする際のルールを確認する。 (4) 時間を設定し、「進路ミーティング」を始める。	グループ構成は、実習先の職種や作業種等を考慮しながら、生徒の実態に応じて決めましょう。 話をする際のルールは守れているか、友達の話を聞いているか等の観点で評価したり助言したりしながら、指導を進めましょう。
まとめ	○ 本時の学習をまとめる。	

日常場面と近い雰囲気でミーティングを進めると、身に付けた力を実際の場面で生かすことができますね。

参考：本研究における教師へのアンケート調査（特別支援学校での実践より）

事例 D-18(1) 「スケジュール帳を活用しよう」

スケジュール帳の活用方法を知る

ツールを使った指導事例

● ねらい｜スケジュール帳を活用し、見通しをもって行動することができる

	指導例	指導のポイント
導入	○ 必要なことをメモすることは大切であり、社会人になると更に、自分の予定を把握しておく必要がある。そのためのアイテム（スケジュール帳やノート等）を上手に使いこなす練習をすることを伝える。	○ 学校によっては、スケジュール帳に近いファイルやノートを1年次から使用させています。ここではまず、薄いスケジュール帳やノートを使用します。
展開	(1) 見本となるスケジュール帳を配布する。 (2) スケジュール帳やノートに、月の予定を記入させる。ノートしか持っていない生徒には、月のスケジュールが書き込めるプリントを配布し、ノートに貼らせて活用させる。	書くことが苦手な生徒にはキーワードのみ書く指導を行います。書き慣れている生徒には、ペンの色を変えたりシールを貼ったりして、見やすいスケジュール帳にする方法を教えましょう。 見本となるスケジュール帳はシンプルで見やすいものにしましょう。
まとめ	○ 本時の学習をまとめる。	

生徒が自宅でもスケジュール帳を活用できるように、担任をとおして保護者に協力をお願いしましょう。

参考：本研究における就労支援機関への調査

事例 D−18(2) 「スケジュール管理しようⅠ」

スケジュールを管理する方法を知る

ツールを使った指導事例

● ねらい ｜ スケジュールを管理できるようになる

	指導例	指導のポイント
導入	○ 仕事や日常生活で様々な予定ができると、見通しをもって行動することが必要になるため、スケジュールの管理をすることが大切であることを伝える。	○ 学校では時間割表など、見通しがもてるための支援がありますが、卒業後の生活に向けて、高等部段階からスケジュールを管理することができる力を身に付けることが大切です。
展開	(1) 手帳や携帯電話、スマートフォンなどのスケジュール管理ができるアプリなど、スケジュール管理をするためのツールを紹介する。 (2) スケジュール管理に使いたいツールを選択させ、活用方法を説明する。 **ツールの例**：手帳、メモ帳、携帯電話やスマートフォン等のカレンダー機能、アプリ等 スケジュール管理ができるアプリは、「東京都障害者ＩＴ地域支援センター」のＨＰ等で紹介されています。	書くことが苦手な生徒には、ＩＣＴを使ったスケジュール管理の方法を指導するとよいですね。 使用するツールを生徒が選択することで、意欲的に取り組めるようになります。但し、実生活で手軽に活用しやすいものはスケジュール帳やノートであることを生徒に伝え、個に応じた指導、助言を行うことが大切です。
まとめ	○ 本時の学習をまとめる。	

参考　・本研究における就労支援機関への調査
　　　・東京都障害者ＩＴ地域支援センターＨＰ

事例 D-18(3) 「スケジュール管理しようⅡ」

スケジュール帳の具体的な活用方法を知る

ツールを使った指導事例

● ねらい｜スケジュールを管理することで、余暇の充実につなげる力を付けることができる

	指導例	指導のポイント
導入	○ 社会生活を見通して、今の段階から自分のスケジュールを把握し、休日は外に出かけたり家でゆっくりしたりと、メリハリをつけた生活をすることが大切であることを伝える。	○ 卒業後、離職しないで充実した生活を送れるかどうかは、余暇の充実がポイントであると言われています。そのためには、高等部段階から休日の過ごし方の支援を行うことが重要です。
展開	(1) 生徒の実態や家庭環境等に応じた支援を行う。	**友達や家族と予定を立てられる生徒への支援** スケジュール帳の活用を促して、予定がない休日を把握しておき、計画的に予定を立てるなどの支援を行う。 **友達や家族と予定を立てることが難しい生徒への支援** 休日の余暇の充実に向けて、保護者の意向を踏まえながら、できるだけ福祉サービス等の利用を進める等の支援を行う。
	(2) 理想とする社会人像をイメージさせる。 (3) 社会人になったら、余暇ではどんなことをしたいか、具体的にイメージさせる。	「社会人になったら、こんな休日を過ごしたい！」という期待感をもたせて、スケジュール管理や福祉サービスの利用への意欲を高めましょう。
まとめ	○ 本時の学習をまとめる。	

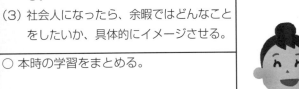

卒業後に向けた余暇の充実については、家庭の協力が必要です。担任をとおして、面談等で保護者に働きかけていきましょう。

参考：本研究における就労支援機関への調査

事例 D-19 (1)

「約束について考えよう」

ディスカッションをとおして約束を守ることの大切さを知る

ディスカッションによる指導事例

● ねらい｜約束を守ることの大切さに気付くことができる

	指導例	指導のポイント
導入	○ 家族や友達との約束、仕事上の約束など、生活をする上で様々な「約束」があることを確認する。	○ 約束は信頼関係を築く上で重要なものです。約束について、ここで改めて取り上げることで、その大切さに気付くことができるように支援しましょう。
展開	(1)「約束」はなぜあるのかを考えさせる。 　例：相手との信頼関係を築くため。 (2) ディスカッションをとおして、約束を破られたときの気持ちを考えさせる。	「約束」を守ることで、どんな良いことがあるのかを伝えましょう。 (例) ・約束を守ると、相手と信頼関係を作ることができる。 ・約束を守ると、友達に頼られる。 「約束」を守ることの利点に反して、**「約束」を破ったら相手はどんな気持ちになるのか**を気付かせることも大切です。
まとめ	○ 本時の学習をまとめる。	

約束を守ることは、他者との信頼関係の構築において重要であることを分かりやすく伝えましょう。

参考文献：発達障害のある子のサポートブック

事例 D-19 (2) 「約束を守るためにメモをしよう」

メモをとる練習をする

ロールプレイを取り入れた指導事例

● ねらい｜約束を守る方法を知る

	指導例	指導のポイント
導入	○ メモをとることは、友達との約束を守るためだけでなく、実習先や就労先でも、指示されたことを覚えておくために大切であることを伝える。	○ メモをとることが苦手な生徒もいます。繰り返し取り組むことで、メモを取ることに慣れることができます。 
展開	○ ロールプレイングをとおして、スケジュール帳とメモ帳を用いてメモをとる練習をする。 メモを取ることが苦手な生徒がBさんの役をする場合は、Aさん役の生徒にゆっくりと話をするように伝えましょう。繰り返し行う等、生徒の実態に応じた支援を行うことが大切です。	＜ロールプレイングの例＞ ・AさんはBさんに、土曜日の予定を聞く。 ・Bさんはスケジュール帳を見て予定を確認する。 ・Bさんは土曜日に予定がないことをAさんに伝える。 ・AさんはBさんに、一緒に買い物に行かないかと誘う。 ・BさんはOKする。 ・Aさんは詳しい待ち合わせ時間と場所をBさんに伝える。 ・Bさんはメモをする。 セリフは生徒の実態に応じて教師が用意します。正しくメモがとれたかどうか、必ず確認しましょう。
まとめ	○ 本時の学習をまとめる。 メモを確実にとることで、友達と交わした約束を覚えておくことができる、ということを説明する。	

繰り返し取り組ませることで習慣にすることが重要です。

参考　・本研究における教師へのアンケート調査（特別支援学校での実践より）
　　　・本研究における就労支援機関への調査

事例 D-19 (3) 「約束の大切さを考えよう」

約束に関する具体的な事例を知る

具体的事例を用いた指導事例

● ねらい｜約束の大切さを理解する

ワークシート P 126

	指導例	指導のポイント
導入	○「約束」には友達と交わすものの他に、社会人になると仕事上の重要な「約束」が存在することを伝える。	<具体的な事例の例> **事例1：「約束を守れなかった場合」** ・Aさんは上司から急な仕事を頼まれました。 ・Aさんは「簡単な仕事だからメモは必要ない」と考えてメモをとりませんでした。 ・すると、途中で仕事内容を忘れてしまい、約束どおりに仕事ができませんでした。 ・約束を守れなかったAさんは、上司から注意を受けました。
展開	○ 4コマ漫画やＶＴＲ等を用いて、職場において「約束を守れた場合」と「約束を守れなかった場合」の具体的な事例を示す。 ① まずは「約束を守れなかった場合」の事例を示す。 ② 「Aさんはどうすればよかったのか」について考えさせ、ワークシートに記入させる。 ③ 「約束を守れた場合」の事例を示し、約束を守る大切さについて説明する。 ワークシート	**事例2：「約束を守れた場合」** ・Aさんは上司から急な仕事を頼まれました。 ・Aさんはきちんとメモをとり、丁寧に仕事を行い、約束どおりに仕上げました。 ・Aさんは上司から高い評価を受けました。 約束を守るデメリットより、メリットを分かり易く伝えましょう。事例は生徒に分かり易いものを取り上げた方がよいですね。
まとめ	○ 本時の学習をまとめる。	

生徒が約束の大切さを理解し、約束を守ろう！という気持ちがもてるように指導しましょう。

参考　・本研究における教師へのアンケート調査（特別支援学校での実践より）
　　　・本研究における就労支援機関への調査

事例 D-20 (1) 「周囲に助けてもらおう」

他者から適切な支援を受けることは恥ずかしいことではないことを知る

ディスカッションによる指導事例

● ねらい｜自分から周囲に助けを求める力を付ける

	指導例	指導のポイント
導入	○ 私たちはみんな、人に助けてもらいながら生活をしていることを伝える。	○ 卒業生の就労後の課題として、就労支援機関への調査から「分からないことを自ら発信する力が十分でない」ということが挙げられています。
展開	(1) 人を助けたエピソード、助けてもらったエピソードを発表させる。 (2) ディスカッションをとおして、「助けを求めることは恥ずかしいことではない」ということに気付かせる。	高等部段階で、援助要求ができる力を付けることが必要ですね。 <ディスカッションのテーマ（例）> ・人を助けたときの気持ちについて ・人に助けてもらった時の気持ちについて ディスカッションでは、「人を助けたときに喜んでもらえてうれしかった」「役に立てて良かった」という話が出ることが予想されます。 そこから、**助けてもらうことは恥ずかしいことではない**ということを生徒に伝えましょう。
まとめ	○ 本時の学習をまとめる。	

日々の生活で、困った時に周囲に助けを求める経験を積むことが大切です。

参考文献：自閉症スペクトラムソーシャルスキル・トレーニングＳＳＴスタートブック
参考：本研究における就労支援機関への調査

事例 D-20 (2) 「自ら質問しよう」

困った時に自ら質問する練習をする

ロールプレイによる指導事例

● ねらい｜困っていることを自ら質問することができる

	指導例	指導のポイント
導入	○ 困っている時に自ら質問することは、「素敵な社会人」を目指す上で非常に大切なことである、ということを説明する。	○ 実習時や就労時に、生徒が困っていることを自ら発信することが難しい場合があります。支援の求め方を具体的に指導することが大切です。
展開	(1) 困っていても、質問しにくかったエピソードを生徒に問い、複数挙げさせる。 (2) ロールプレイングで、生徒が挙げた場面を再現し、「どうすればよかったのか」を考える時間を設ける。 (3) 模範解答を提示し、再度ロールプレイングで確認する。	困った時に、どんな言葉を使って質問すればよいのかなぁ…  作業学習等でも質問の練習を行います。教師間で連携し、生徒の課題を共有し、他教科の授業でも質問の仕方の指導をすることが大切です。
まとめ	○ 本時の学習をまとめる。	

質問の仕方を具体的に指導し、繰り返し練習させることが大切です。

参考　・本研究における教師へのアンケート調査（特別支援学校での実践より）
　　　・本研究における就労支援機関への調査

事例 D-20 (3) 「タイミングよく質問しよう」

質問をするタイミングを計る練習をする

ロールプレイによる指導事例

● ねらい｜状況を把握し、タイミングの良い質問をすることができる

	指導例	指導のポイント
導入	○ せっかく質問できたのに、タイミングが悪かったために相手を嫌な気持ちにさせてしまうことがある、ということを説明する。	○ 自ら質問できることは素晴らしいですが、相手が他の人と会話をしていたり、忙しくしていたりするときに質問をすると、相手が嫌な気持ちになってしまうことがあります。
展開	(1) タイミングの悪い質問の、具体的な事例を複数提示する。 (2) ロールプレイで、(1)で提示した事例を再現し、質問のタイミングを具体的に指導する。	状況を認識することが苦手な生徒にとって、質問のタイミングを計ることは難しいです。ここではロールプレイをとおして、様々な場面を想定し、具体的に分かり易く指導しましょう。 タイミングの悪い質問の例 ・相手が他の人と話している時 ・相手が電話している時 ・相手が怒っている時 　　　　　　　　　　　　　など
まとめ	○ 本時の学習をまとめる。	

実際の場面を想定し、具体的に指導することが大切です。

参考：本研究における教師へのアンケート調査（特別支援学校での実践より）

事例 E-21 (1) 「自己紹介をしよう I」

ゲームをとおして、自己紹介の練習をする

ゲームを取り入れた指導事例

● ねらい｜自分のことを相手に伝えることができる

	指導例	指導のポイント
導入	○ 自己紹介で、自分のことを相手に伝える練習をすると、あらゆる場面で上手に自己紹介ができることを説明する。	**＜自己紹介シート（図１）＞** 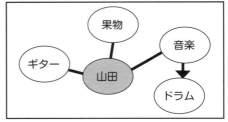
展開	(1)「自己紹介ゲーム」の説明をする。 (2) 3～4人グループを作る。 (3)「自己紹介ゲーム」をする。 (4) グループ内で自己紹介の練習をする。 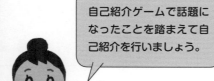 自己紹介ゲームで話題になったことを踏まえて自己紹介を行いましょう。	**自己紹介ゲームのルール** ① 図１のように、中央に名前を書く。その周りに自分に関するキーワードを３つ書く。 ② グループの友達はキーワードについて質問する。 （例：音楽が好きなの？→好きだよ。→ジャンルは？→洋楽！→すごいねー！楽器とか得意なの？→ドラムが得意なんだ。） ③ 新たなキーワードを書きこんでいく（ここでは、特技がドラムなので「ドラム」と書き込む）。 **＜実際の自己紹介シート＞** 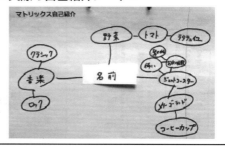
まとめ	○ 本時の学習をまとめる。	

参考：本研究における教師へのアンケート調査（特別支援学校での実践より）

事例 E-21 (2) 「自己紹介をしようⅡ」

ゲームをとおして自分のことを考え、話す練習をする

ゲームを取り入れた指導事例

● ねらい｜自信をもって自分のことを相手に伝えることができる

	指導例	指導のポイント
導入	○ 自分のよさに気付き、自信をもって自己紹介をすることは大切であることを伝える。	**「付箋紙で自己紹介」のルール** ① ニックネームや特徴（髪型など）、特技など、自分自身に関するキーワードを付箋紙に5つ程度書かせる。 ② 教師が付箋紙を集めて、ランダムに読み上げる。 ③ 誰のことなのか予想し、「せぇの」で名前を言う。 ④ 指名された人は、教師が読み上げたキーワードを使った自己紹介を行う。
展開	(1)「付箋紙で自己紹介」について説明する。 (2) 付箋紙を使って自己紹介を行う。	 （足が速い／暑がり／カレーが好き／計算が速い／短髪） キーワードは、できるだけポジティブなことを書かせましょう。
まとめ	○ 本時の学習をまとめる。	

> 教師が読み上げた人が誰か分かったら、質問コーナーを設けるなどして、キーワードを広げていきましょう。

参考：本研究における教師へのアンケート調査（特別支援学校での実践より）

事例 E-21 (3) 「自分のことを相手に伝えよう」

自分の言葉で自己紹介をする練習をする

相互評価による指導事例

● ねらい｜自分のことを、言葉で相手に伝わるように話すことができる

	指導例	指導のポイント
導入	○ 実習や就労先で、初対面の方にも自分のことを説明する機会があることを伝える。	○ 自分の長所や課題を認識していなければ、自分のことを適切に相手に伝えることはできません。
展開	(1) 隣の友達を相手に、2分間で自己紹介をさせる。 (2) ペアになった友達を相手に、2分間で自己紹介をさせる。 (3) 日頃、接点の少ない教師等を相手に、自己紹介をさせる。	ペアは教師が意図的に決めてもよいです。くじびきなど、ゲームを取り入れたペア作りは盛り上がりますね。 初対面の人にも自分のことを伝える力を付けるために、普段関わりの少ない人に自己紹介をして、繰り返し練習しましょう。
まとめ	○ 本時の学習をまとめる。	

自己紹介をするのが難しい生徒については、メモ帳等を見ながら練習をするとよいですね。

**実習や就労前に急に練習してもうまくいきません。
繰り返し取り組むことが大切です。**

参考：本研究における就労支援機関への調査

事例 E-22 (1) 「自分の長所を知ろう」

互いの長所を教え合う

付箋紙を用いた指導事例

● ねらい｜自分の長所が分かるようになる

	指導例	指導のポイント
導入	○ 実習面接等では自分の課題だけでなく、長所を聞かれることがある。自分の長所を認識し、自分に自信をもつことが大切であることを伝える。	自分の長所をスラスラと言える生徒は多くありません。ここでは友達から長所を教えてもらい、自分の長所を認識するとともに、自分に自信がもてるように指導しましょう。
展開	(1) 8人程度のグループを作る。 　　（教師は1つのグループに1人は入るようにしましょう。） (2) 全員に付箋紙を配布する。 (3) 友達1人につき、1枚の付箋紙に友達の良いところを記入させ、書いた人の名前も書かせる。 (4) 一旦回収し、付箋紙の内容を読みあげる。適宜教師によるコメントを加える。必要に応じてメモをとらせる。 (5) 友達が書いた付箋紙を書いてもらった生徒に渡す。付箋紙を再度読むことで、生徒一人一人が自分の良いところを改めて認識できるようにする。	付箋紙を読む際は、書いた人の名前はあえて読まないようにしましょう。友達の良いところを記入することに躊躇する生徒もいますので、配慮しましょう。
まとめ	○ 本時の学習をまとめる。	

友達の長所を見付けることは、他者理解にもつながりますね。

参考　・本研究における教師へのアンケート調査（特別支援学校での実践より）
　　　・「いじめ防止教育プログラム」東京都教育委員会

事例 E−22 (2)

「ネガティブをポジティブに変えよう」

ネガティブなことをポジティブなことに変換する方法を知る

ゲームを取り入れた指導事例

● ねらい｜ネガティブなことをポジティブなことに捉え直す力を付ける

	指導例	指導のポイント
導入	○ 人それぞれ、苦手なことや嫌いなものがあることを伝える。	○ 考え方を少し変えるだけで、ネガティブなことがポジティブなことに変換できる、ということに気付けるように指導します。
展開	○ ネガティブなことをポジティブなことに言い換えるゲームを行う。 生徒が、自分の短所が長所にもなることを知ることができるように指導しましょう。	＜ゲームの例「ネガポジゲーム」＞ ① 生徒が苦手なこと（ネガティブなこと）を１つ提示する。 （例：細かいことを気にしてしまう） ② 当てはまる人はサークルに入る。 ③ 当てはまらなかった人は、提示されたネガティブなことを、ポジティブなことに言い換える。 （例：細かいところに気配りができる） ④ できるだけ多く言い換えさせる。 ⑤ サークル内の生徒は「なるほど！」と思う意見に相槌を打ち、サークルを出る。 ⑥ サークルに入らなかった人の中から次のお題を挙げさせる。
まとめ	○ 本時の学習をまとめる。	

ゲームを通して自分の長所と短所を再認識できるようにしましょう。

参考文献：発達障害のある子のサポートブック

事例 E－22 (3)

「長所と短所を説明しよう」

長所と短所を交えた自己紹介の練習をする

グループ活動を取り入れた指導事例

● ねらい｜自分の長所と短所を相手に伝えることができる

ワークシート P 127

	指導例	指導のポイント
導入	○ 自分の長所と短所を相手に伝えることができるようになるために、本時は身近な友達と練習し、自己紹介に慣れることを伝える。	**自己紹介チェック表**　（　　　　　）さん
展開	(1) 3～4人のグループを作る。 (2) 自己紹介の原稿を作る時間を設ける。 (3) 友達の自己紹介を聞く際は、チェック表を使って評価させ、最後にお互いにアドバイスをする時間を設ける。	項目／評価（声の大きさ、目線、姿勢、長所が言えた、短所が言えた：○△×） アドバイス
まとめ	○ 本時の学習をまとめる。	

教師からの評価は重要です。友達同士の評価の後には教師によるまとめを必ず行いましょう。

**人前で話すことに慣れておくと自信がつきます。
繰り返し行うことが大切です。**

参考：本研究における就労支援機関への調査

事例 E-23 (1)

「他者とのコミュニケーションを深めよう」

他者とのコミュニケーションを深める体験をする

ゲームの要素を含んだ指導事例

● ねらい｜他者を意識し、交流を深めることができる

	指導例	指導のポイント
導入	○ 高等部を卒業した後も他者との関わりの中で生活するため、他者との関わりの大切さを伝える。	**＜じゃんけんゲーム＞** ① 始めは教師が前に立ち、生徒たちとじゃんけんする。 ② あいこの人が勝ち。勝った人以外は座る。 ③ 繰り返し行う。 ④ 最後まで残った人が優勝。 ⑤ 優勝者は優勝した感想を述べる。 ⑥ 優勝者は前に立ち、他の生徒たちとじゃんけんをする。
展開1	○「じゃんけんゲーム」をして、その場にいる他者と打ち解けられるようにする。	
展開2	○「さいころトーク」をして、同じグループの人と交流を深める。	**＜さいころトーク＞** ① さいころ6面に書いてあるテーマを確認する。 ② 順番にさいころをふって、出たテーマに関する話をする。 ③ 質問コーナーを設ける。 ④ 全員が1回ずつさいころをふる。 テーマは生徒の実態に応じて設定しましょう。
まとめ	○ 本時の学習をまとめる。	

**ゲームの要素を取り入れることで、
楽しみながら交流を深めることができますね。**

参考　・本研究における教師へのアンケート調査（特別支援学校での実践より）
　　　・本研究における就労支援機関への調査

| 事例 E−23 (2) | 「自分の大切なものを伝え合おう」 |

大切なものランキングゲームをする

ゲームを取り入れた指導事例

● ねらい｜互いを認め合う態度を身に付ける

	指導例	指導のポイント
導入	○ 人はそれぞれ価値観が違い、様々な人が共に生活をしている。職場等にも価値観の異なる他者がいることを理解することは必要なことである、ということを伝える。	
展開	(1) それぞれ価値観が異なることを知るために、「大切なものランキングゲーム」を行うことを説明する。 (2) 付箋紙を3枚ずつ配布する。1枚に1つずつ、大切なものを記入させる。 (3) 3人グループを作り、付箋紙をホワイトボードに貼って付箋紙の内容について1人ずつ説明させる。 (4) 友達の大切なものを知って「なるほど！」「あ！同じだ」「いいね！」または「なんで？」「そうなんだ〜」といった感想を発表させる。	あ！私の大切なものと似てる！ へぇ〜面白いね！ 友達の大切なものを知ることで、自分との違いに気付けるような声掛けをしましょう。
まとめ	○ 本時の学習をまとめる。	

他者との違いを認めることが難しい児童・生徒には、教師とペアで取り組む等、個別の配慮も必要です。

参考：本研究における教師へのアンケート調査（特別支援学校での実践より）

事例 E-23 (3) 「他者とやりとりをしよう」

自分のカードとペアになる人を探すゲームに取り組む

ゲームを取り入れた指導事例

● ねらい｜他者と相互のやり取りをすることができる

	指導例	指導のポイント
導入	○ 同じコミュニティに属する人同士、一方的なやり取りではなく、相互のやり取りが大切であり、その中でお互いのよさに気付くことができる、ということを伝える。	「ペア探しゲーム」のルール（例） ① カードを裏返しのまま床に置く。 ② 音楽を流し、スタートの合図で歩き、音楽が止まったら一斉にカードをとる。 ③「スタート！」の合図でペアを探す。 ④ ペアが見つかった人は２人組になってその場に座る。 ⑤ 簡単な自己紹介を行う。 （教師が設定したテーマについて話してもよい。）
展開	(1) 他者とのやり取りを行うゲーム「ペア探しゲーム」を行うことを説明する。 (2) ルールを説明する。 (3) 取り組んだ後、今度は児童・生徒がルールを決め、児童・生徒主導で行う。	カードは児童・生徒の実態に応じて難易度を工夫しましょう。 <カードの例> 初級：合わせると１つの絵になるもの 中級：合わせると１つの漢字になるもの 上級：１枚はカタカナ、１枚は英語の組み合わせになるもの
まとめ	○ 本時の学習をまとめる。	

児童・生徒の実態の幅が大きい、または相性を考慮したい場合は、教師がカードを意図的に手渡してもよいですね。

参考文献：発達障害のある子のサポートブック

事例 E−23 (4)

「他者紹介をしよう」

2人1組で相手のＰＲ原稿を作成する

ペア学習による指導事例

● ねらい｜他者を受け入れる気持ちをもつ

	指導例	指導のポイント
導入	○ 自己紹介でなく、他者紹介をすることで他者を深く知ることができる、ということを伝える。	児童・生徒は、自己紹介の経験はありますが他者紹介の経験はあまりありません。苦手と感じる生徒が多い場合はＩＣＴを活用した原稿作りを取り入れてもよいですね。
展開	(1) 他者紹介をするためのペアを作る。 (2) 児童・生徒に相手のＰＲ原稿を作成させる。 (3) いくつかピックアップして全体の前で発表させる。	**友達の紹介ＰＲ原稿（例）** （　　　）さんのＰＲ原稿 ・写真またはイメージ写真、イラスト等 ・特技はバスケット、サッカー、ゲーム ・夢は、貯金してアメリカのディズニーランドに行くこと ・好きな食べ物は焼き肉！ ・趣味は友達と対戦ゲーム 用紙の大きさや形態は児童・生徒の実態に応じて工夫しましょう。楽しみながら作成できるように、切ったり貼ったりする作業を取り入れてもよいですね。
まとめ	○ 本時の学習をまとめる。	

**ペアリングを工夫しましょう。
また、児童・生徒の実態に応じて支援を行いましょう。**

参考：本研究における教師へのアンケート調査（特別支援学校での実践より）

事例 F-24 (1) 「身なりを整えよう」

自分の身なりを確認する

身だしなみチェックリスト（自己点検用）を用いた指導事例

● ねらい：自分の身なりを自分で確認することができる

ワークシート P 128

	指導例	指導のポイント
導入	○ 素敵な社会人を目指して、まずは自分の身なりについて、自ら確認をすることが大切であることを伝える。	「身だしなみチェックリスト」の例 身だしなみチェックリスト（自己点検用）（初級） | 1 | 朝、洗顔をしましたか | ○ △ × | | 2 | 朝、歯を磨きましたか | ○ △ × | | 3 | 爪は短いですか | ○ △ × | | 4 | 髪は整っていますか | ○ △ × | | 5 | (男子) ひげは剃っていますか | ○ △ × | | 6 | 昨晩、入浴しましたか | ○ △ × | | 7 | 洗った服を着ていますか | ○ △ × |
展開	○「身だしなみチェックリスト」（自己点検用）を用いて、身なりに関する自己点検を行わせる。 ※ 児童・生徒の実態に応じて、例えば初級、中級、上級に分けて作成してもよいです。	毎朝洗顔をして目を覚ましましょう ひげを毎日剃って清潔さを保ちましょう
まとめ	○ 本時の学習をまとめる。	卒後を見通したチェック表にすることが大切です。

自己点検の後に、児童・生徒が自らの課題を教師と考える時間を設けるとよいですね。

参考：本研究における教師へのアンケート調査（特別支援学校での実践より）

事例 F-24 (2) 「身なりのアドバイスをしよう」

身なりの相互チェックをする

身だしなみチェックリスト（他者点検用）を用いた指導事例

- ● ねらい｜他者の身なりを確認し、自分で見直すことができる

ワークシート P129

	指導例
導入	○ 他者の身なりのチェックをすることで、自分の身なりについても考えることが大切であることを伝える。
展開	○「身だしなみチェックリスト」（他者点検用）を用いて、身なりに関する自己点検を行わせる。
まとめ	○ 本時の学習をまとめる。

身だしなみチェックリスト（他者点検用）

			【コメント】	【チェックの基準】
1	衣服は整っていますか	○ △ ×		・裾が出ていないか ・しみやしわがないか
2	髪型は整っていますか	○ △ ×		・長い髪は結んでいるか ・寝癖がついていないか
3	爪は短いですか	○ △ ×		・爪が伸びすぎていないか ・深爪していないか
4	（男子）ひげは剃っていますか	○ △ ×		・ひげがきれいに剃られているか

参考：本研究における教師へのアンケート調査（特別支援学校での実践より）

事例 F-24 (3) 「理想の大人になろう」

理想の大人になるための方法を知る

ディスカッションを通した指導事例

● ねらい｜なりたい大人のイメージをもつことができる

ワークシート P 130

	指導例	指導のポイント
導入	○「素敵な社会人」になるためには、具体的な理想の大人のイメージをもち、それを目指すことが大切であることを伝える。	＜ワークシート（例）＞ 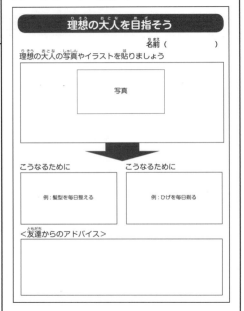
展開	(1) 教師が用意した複数の雑誌から、理想のヘアスタイルやファッションをした人の写真を切り取らせる。 用意する雑誌は、例えばスーツを着た人が載っているような、本指導の内容に適した内容のものにしましょう。生徒が「理想の大人」のイメージがもてるように、仕事をするのにふさわしい服装の人を提示できるとよいですね。 (2) 切り取った写真をワークシートに貼り、そうなるためにはどうすればよいのかを記入する。 (3) 少人数グループでディスカッションする。	
まとめ	○ 本時の学習をまとめる。	ディスカッションの際は適宜教師による助言を行うことが大切です。

「こうなりたい」という理想のイメージを具体的にもつことが大切ですね。

身近な友達にアドバイスしてもらうと、その指摘を受け入れやすいことがあります。

参考：本研究における教師へのアンケート調査（特別支援学校での実践より）

事例 F-25 (1) 「制服を着こなそう」

制服の正しい着方を知る

教師がモデルとなって行う指導事例

● ねらい
・制服を正しく着ることができる
・社会人の服装に興味をもつ

	指導例	指導のポイント
導入	○「素敵な社会人」になるためには、身だしなみに気を配ることが大切であることを伝える。	○ スーツに憧れている生徒はいますが、「制服を素敵に着こなそう！」という生徒はあまりいません。ここではまず、制服の着こなし方を指導し、その上で「かっこいいスーツの着こなし方」の学習につなげましょう。
展開	(1) 制服を着た人の写真カードを提示する。正しい着用ではない写真に注目させ、どこを直したほうがよいか、考えさせる。 (2) 自分は制服を正しく着られているか確認させる。 (3) 男女に分かれて、シャツの下に着る下着の選び方について説明する。その際、教師がモデルとなり、具体的に指導する。	<写真カードの例（実際は写真が良いです）> この授業には制服で参加させましょう。鏡でセルフチェックをしたあと、友達同士で相互評価もしてみましょう。 社会人として恥ずかしくないように、下着や靴下、ストッキング等についても指導しましょう。
まとめ	○ 本時の学習をまとめる。	

授業だけではなく、日常生活全般で指導することが大切です。他の教師とも連携して進めましょう。

参考：本研究における教師へのアンケート調査（特別支援学校での実践より）

事例 F-25 (2) 「身だしなみについて考えようⅠ」

清潔感を重視した身だしなみについて理解する

家庭科の学習を取り入れた指導事例

● ねらい
- 清潔さについて理解する
- 社会人の服装の大切さを理解する

	指導例	指導のポイント
導入	○ 社会人として大切なものの一つは「清潔感」であることを伝える。	○「清潔感」については、食品系の会社に限らず、就労するに当たって重視されています。家庭の協力を十分に得られない場合もあり、高等部段階では生徒本人が自分自身を清潔に保つ力を付けることが大切です。
展開	(1) 清潔感が乏しい身なりのイラストを提示する。 (2) どこの部分を、どのように改善すれば清潔感のある身だしなみに近づくか、個人で考えさせる。 (3) グループワークを行わせる。 (4) 洗濯の仕方、干し方、アイロンのかけ方、しみの抜き方、衣類のたたみ方等について指導する。	＜清潔感のない身なりの写真、イラストの例＞ ① 髪が整っていない ② 服にしわがある ③ 目やにがついている ④ シャツにしみがついている ⑤ ストッキングがやぶれている ①～⑤について、どうすれば「清潔感のある身だしなみに近づくか」を考えさせましょう。
まとめ	○ 本時の学習をまとめる。	

家庭科の授業と関連があります。
家庭科担当の教師とも連携しましょう。

参考：本研究における教師へのアンケート調査（特別支援学校での実践より）

事例 F-25 (3) 「身だしなみについて考えようⅡ」

相手に好印象を与える身だしなみについて考えよう

ワークシートを用いた指導事例

● ねらい｜好印象を与える身だしなみについて理解する

ワークシート P 131

	指導例
導入	○ 素敵な社会人を目指すにあたって、相手に好印象を与える身だしなみは大切であることを伝える。 ここでは「清潔感」について学んだあとに、更にレベルアップして相手に好印象を与える身だしなみを理解できるように指導します。
展開	○ ワークシート等を用いて指導する。
まとめ	○ 本時の学習をまとめる。

整髪料について

（必ず使用しなければならないものではありません。必要に応じて使用するようにしましょう。）
髪質や髪の長さに合わせて使い分ける。（自分の髪型に近いイラストを選んで記入しましょう）

 例：ヘアスプレー（長時間髪型をキープするタイプやボリュームを出すタイプ等がある。

 例：ヘアワックス（髪にツヤが出るタイプやパサつきを抑えるタイプ等がある。）

 例：水、寝癖直しスプレー等

適している整髪料をメモする

香水
プライベートではつけても構わないが、仕事のときはつけない。

服装
仕事では職場から指定された服装にする。
プライベートでもＴＰＯに合わせた服装を心掛ける。

どの場面に適した服装かをメモする

 例：仕事のとき、その他、改まった場面での服装

 例：パーティーや結婚式等での服装

 例：友達と外出するとき、自宅で過ごすときの服装

参考：本研究における教師へのアンケート調査（特別支援学校での実践より）

事例 F-26 (1)	「素敵な社会人になろうⅠ」

仕事にふさわしい服装を知る

写真を用いた指導事例

● ねらい：社会人として適した服装や身なりを理解することができる

ワークシート　P 132

	指導例
導入	○ 素敵な社会人になるために、社会人としてどのような服装や身なりが適しているのか学習することを伝える。
展開	(1) 写真やイラストを用いて、職種に応じた服装や身なりを伝える。 ここではまず、様々な職業の人の服装や身なりを知ることができるように、視覚的に分かりやすく指導しましょう。 (2) 学んだことをワークシートにまとめる。
まとめ	○ 本時の学習をまとめる。

＜ワークシートの例（実際は写真が良いです）＞

職種（事務系など） 服装（スーツ） 注意点 （シャツにアイロンをかける） （定期的にクリーニングに出す）	職種（飲食店・調理補助） 服装（会社指定のユニホーム） 注意点 （食品を扱うため小まめに洗濯し、清潔な服を着る）	職種（工場・運搬） 服装（会社指定のユニホーム） 注意点 （汗をかく仕事なので臭いに注意し、定期的に洗濯する）

＜全ての職種に共通して気を付けること＞
・洗濯された清潔な服を着ること
・会社から指示された服装で仕事をすること
・髪の毛は伸ばしすぎないこと。女性は髪が肩より長い場合、結う。

参考：本研究における教師へのアンケート調査（特別支援学校での実践より）

事例 F−26 (2)

「素敵な社会人になろうⅡ」

 通勤に適した服装を知る

写真を用いた指導事例

● ねらい｜通勤時の服装について知る

ワークシート P133

	指導例	指導のポイント
導入	○「素敵な社会人」になるためには、通勤時と普段着を区別する必要があることを伝える。	○ 就職した後に、通勤時の服装が分からず職場から指摘されてしまうことがあります。生徒が将来困らないために、高等部段階で指導することが大切です。
展開	(1) サラリーマンの通勤の様子を、写真を用いて説明する。 (2) 通勤に適している服装について、少人数グループで話し合い、まとめの用紙を作成する。 (3) グループごとに発表する。	＜写真の例（実際は写真が良いです）＞ ＜まとめの用紙の例＞ **素敵な社会人になろう！** ○ 通勤の時に適している服装は [　　　　　　　　　　] ○ なぜそのような服装をしなければいけないのか [　　　　　　　　　　] ○ 気を付けることは [　　　　　　　　　　] 理想の服装の写真を貼る
まとめ	○ 本時の学習をまとめる。	

教師がモデルとなったり写真を使ったりして、具体的に、視覚的に指導することが大切です。

参考：本研究における教師へのアンケート調査（特別支援学校での実践より）

事例 F－26 (3)

「TPPOに合わせた服装選び」

自分に合った服装を知る

洋服を用いた指導事例

● ねらい｜ＴＰＰＯに合わせた服装について理解する

	指導例	指導のポイント
導入	○ 自分にはどんな服が似合うのかを知り、Ｔ（タイム：時）Ｐ（パーソン：人）Ｐ（プレイス：場所）Ｏ（オケージョン：場合）に合わせた服装について学習することを伝える。	○ ＴＰＰＯに合わせた服装選びは、教師にとっても難しく感じる人がいると思います。ここでは生徒が楽しみながら、具体的に学べるように、生徒のファッションチェックを行います。自分に似合う服装を知った上で、「ＴＰＰＯに合わせた服装選び」に触れましょう。
展開	(1) ファッションチェックをする。 　　（可能なら男女分かれて行う。） (2) ＴＰＰＯに合わせた服装選びについて説明する。	外部講師に来ていただけるとプロの視点でアドバイスがもらえますね。 教師がチェックする場合、生徒に雑誌等から好きなファッションを選ばせましょう。それを参考にファッションチェックを行うとよいですね。 服装を複数提示し、○○な時に、○○と会うときに適したのはどれ？というクイズ形式でもよいですね。
まとめ	○ 本時の学習をまとめる。	

生徒が社会人になったら、服装について、丁寧に教えてもらえる機会が少なくなります。ここでしっかり指導しましょう。

参考：本研究における教師へのアンケート調査（特別支援学校での実践より）

事例 G-27 (1) 「自己理解を深めよう」

「生活適応支援チェックリスト」を活用する

「生活適応支援チェックリスト」を用いた指導事例

● ねらい｜自己理解を深めることができる

	指導例	指導のポイント
導入	○ 自分にとって、得意なことや苦手なことだけでなく、自分の「特性」を理解することの大切さを伝える。	○ 平成30年3月公示の「特別支援学校教育要領・学習指導要領解説　自立活動編」では、6区分26項目から、6区分27項目に改訂されました。追加された項目が「健康の保持（4）障害の特性の理解と生活環境の調整に関すること」です。 このことから、本事例では、自己理解を図るための「事例C-15(1)」を発展させ、児童・生徒の障害理解を促していきます。
展開	(1) 「事例C-15(1)」で取り組んだ「生活適応支援チェックリスト」の「C-15」に着目させる。 (2) 「生活適応支援チェックリスト」の「C-15」の自己評価を踏まえ、自分の「特性」をワークシートに記入させる。 (3) 自分の「特性」により、困ったエピソードをワークシートに記入させる。 (4) どうすれば、困ったエピソードが少しでも改善できるか考えさせる。	障害受容が難しい児童・生徒が多いため、スモールステップで取り組んでいきましょう。 「特性」という言葉に抵抗のある児童・生徒がいる場合は、「特徴」と言い換えたり、「以前からちょっとだけ気になっていた自分の性格」と説明したりするとよいです。
まとめ	○ 本時の学習をまとめる。	

「困ったこと」がどのような方法で改善されるのか、教師と児童・生徒で対話をとおして考えることが大切です。

参考　・特別支援学校での実践

事例 G-27 (2) 「自分にとって困難なことを知ろう」

詳細な「私の説明書」を作成する

「説明書」の作成に関する指導事例

● ねらい｜自分にとっての「困難」なことと向き合い、「困難」さを改善する方法を考える

	指導例	指導のポイント
導入	○ 誰にでもうまくいかないこと、「困難」なことはあり、それを少しでも改善させることで生活しやすくなることを伝える。	○ 「私の説明書」をより具体的にしたものを作成することで、実際の場面で援助要求ができる力を付けることにつなげていきます。
展開	(1) 「事例C-15（2）」で作成した「私の説明書」の「私の苦手なこと」に着目させる。 (2) 「私の苦手なこと」だけでなく「困っていること」などに対し、支援してほしいことについて、具体的にワークシートに記述させる。 (3) 支援を得るために、具体的にどのようにして他者に要求していくか、考えさせる。	○ 平成30年3月告示の「特別支援学校教育要領・学習指導要領解説　自立活動編」では、「自分の特性に気付き，自分を認め，生活する上で必要な支援を求められるようにすることが大切である」とあります。 このことから本事例では、「事例C-15（2）」を発展させ、児童・生徒が既に作成している「私の説明書」を活用して児童・生徒が自己の困難さに向き合う力を付けていきます。 実際に援助要求ができるように、ロールプレイ等で演習ができるとよいですね。（事例G-28（2）で取り組みます）
まとめ	○ 本時の学習をまとめる。	

児童・生徒の困難さを言語化させることで、児童・生徒が自己の困難さに向き合えるように、支援をしていきましょう。

参考：特別支援学校での実践

事例 G-28(1) 「自信がもてるようになろう」

「がんばったこと」を毎日振り返らせる

日課帳などを用いた指導事例

● ねらい｜自己肯定感を高めることができる

	指導例	指導のポイント
導入	○ 社会参加する上で他者とコミュニケーションをとることは不可欠だが、自分に否定的だと、他者を受け入れることが難しい。そこで、自分に自信がもてるようになり、できれば自分が「好き」になれるとよい、ということを伝える。	○ 平成30年3月告示の「特別支援学校教育要領・学習指導要領解説　自立活動編」では、「ＬＤ・ＡＤＨＤ等のある幼児児童生徒の場合，学習や対人関係が上手くいかないことを感じている一方で，自分の長所や短所，得手不得手を客観的に認識することが難しかったり，他者との違いから自分を否定的に捉えてしまったりすることがある。」とあります。 このことから、本事例では、まずは生徒が自分を肯定的に捉えられるように、毎日短時間で実践できる取組をとおして自己肯定感を高めさせます。
展開	(1) 日課帳などに、「今日1番がんばったこと」などの項目で、記入欄を設ける。 (2) 毎日必ず1つ記入させる。教師は毎日読んで、コメントを書く。 (3) 定期的に、児童・生徒ががんばったことを皆の前で発表する場を設ける。	「今日1番頑張ったこと」と設定することで、「1つだけなら書いてみよう」という児童・生徒もいるでしょう。はじめのうちは1つから始めると、全員参加できそうですね。
まとめ	○ 児童・生徒への評価を行う。	慣れてきたら、「褒め日記」のようなテーマで日記を付けさせるのも効果的です。一部の特別支援学級で取り組んだ結果、少しずつ成果が出ているという報告があります。

教師からのコメントが励みになります。
毎日続けることも大切です。

参考　・特別支援学級での実践

事例 G-28 (2) 「自分にとって必要な支援を求めよう」

援助要求の仕方を学ぶ

ロールプレイによる指導事例

● ねらい｜実際の場面で援助要求ができるようになる

	指導例	指導のポイント
導入	○「障害者差別解消法」や「合理的配慮」について、簡単に分かりやすく伝える。そのうえで、合理的配慮の提供を受けるためには、必要な支援を自ら要求する必要があることを伝える。	○ 一般就労を希望している、または一般就労をする予定の生徒には特に、「障害者差別解消法」や「合理的配慮」について知らせておくことも大切です。
展開	(1)「事例G-27(2)」で考えた、自分にとって必要な手助けを得るために、具体的にどのように他者に要求していくか、教師との対話の後にペアで情報交換する場を設定する。 (2) 4～6人程度のグループで、一人ずつ、実際に援助要求する演習をする場面を設定する。その際、できるだけ教師はグループの近くで見守り、適宜助言を行う。 (3) 手本となる児童・生徒を指名し、皆の前で実際に行わせる。	○ 事例G-27(2)では、必要な手助けを得るために、具体的にどのように他者に要求していくかを考えました。ここでは実際に演習を行うことで、実際の場面で援助要求ができる力を付けさせます。 演習を効果的に行うために、ペアやグループの構成メンバーは重要です。教師が意図的にメンバーを指定しましょう。  手本となる児童・生徒に前で行わせることで、他の児童・生徒にとっては見て参考となり、手本を示した児童・生徒にとっては自己肯定感が高まる、という効果があります。
まとめ	○ 本時の学習をまとめる。	

実際の場面で使える力を児童・生徒に付けさせるためには、繰り返し演習をさせることや、教師による助言等も大切です。

参考：特別支援学校での実践

ワークシート

事例 A-1 (1)　「なぜお礼を言うのか考えよう」

ワークシート（例）

お礼を言われた時の気持ちをまとめよう

名前（　　　　　　　　）

どんな場面で

何をしたときに

言われた言葉

その時の気持ち

ワークシート（例）

事例 A－3 (3)

「注意や助言を受け止めよう」

名前（　　　　　　　）

克服したい課題（チェックリストの中から、「克服したい！」「克服できそう！」な項目を選んで書きましょう）

（例）相手の話を最後まで聞く

具体的な状況（日常生活の中で、具体的に「どんなとき」に、「どのようなこと」ができるようになりたいか書きましょう）

（例）「給食のとき」に、「クラスの友達の話に途中で割り込まない」ようにする

克服するための方法 ➡	結果の予測	選択判断
（例）興味がない話でも相槌をして聞く	（例）興味がない話には、途中で他の話をしたくなるかもしれない	（ ◎ ○ △ ）
		（ ◎ ○ △ ）
		（ ◎ ○ △ ）
		（ ◎ ○ △ ）

⬇

＜今後の計画＞課題を克服するために、具体的に何をするのかを書きましょう

ワークシート（例）

事例 A－5(3) 「相手の気持ちを考えて断ろう」

上手に断る方法を考えよう

名前（　　　　　　　　）

次の事例を読みましょう。

① Aさんは実習に行っています。Aさんの実習の担当は職員のBさんです。
② AさんはBさんから、「今日の退勤時間までに、この資料をパソコンで入力してほしいんだけど、大丈夫？」と言われました。
③ Aさんは、今やっている仕事に時間がかかっているので、Bさんに頼まれた仕事をやる時間はありません。
④ どう断ればよいのか分からず、Aさんは「わ、わかりました」と言って、仕事を引き受けました。
⑤ 結局Aさんは、Bさんに頼まれた仕事を終わらせることができませんでした。

考えてみよう！

Aさんはどうすればよかったと思いますか？

〈メモ〉

| 事例 B-7 (1) | 「他者の気持ちを考えよう」 | ワークシート（例） |

名前（　　　　　　　）

「相手の気持ちを考えよう」

① 4コマ漫画を見て、ストーリーを考えてみましょう。

〈メモ〉

② Aくんの気持ちを考えて、記入してみましょう。

③ 女子はAくんの気持ちを考えずに行動しています。
Aくんの気持ちを考えた行動とは、どうすることでしょうか。

〈メモ〉

事例
C−11
(1)

ソーシャルストーリー（話をするタイミングが分からない生徒への例）

「適切な行動が できるようになろうⅠ」

状況に応じた行動ができるようになろう

名前（　　　　　　　　　）

1　私は、

　それで、友達から「今その話はしてない」と言われてしまいます。

2　大丈夫です。みんな、自分のタイミングで話したくなるものです。

3　タイミングが分からないときは、友達に

　と、聞けばいいのです。

4　そうすれば、話をするタイミングが分かります。

問題1

　　　　に記入しましょう。

問題2

記入したことについて、グループで話し合ってみましょう。

※ソーシャルストーリーの内容は、生徒の実態に応じて考えます。

事例 C－11 (2)

ワークシート（例）

「適切な行動が
できるようになろうⅡ」

モデルにしたい人を見付けよう

名前（　　　　　　　　　）

モデル（お手本）にしたい人

どんなところをお手本にしたいのか

メモ

事例 C-13 (1) 「気持ちを把握しよう」　ワークシート（例）

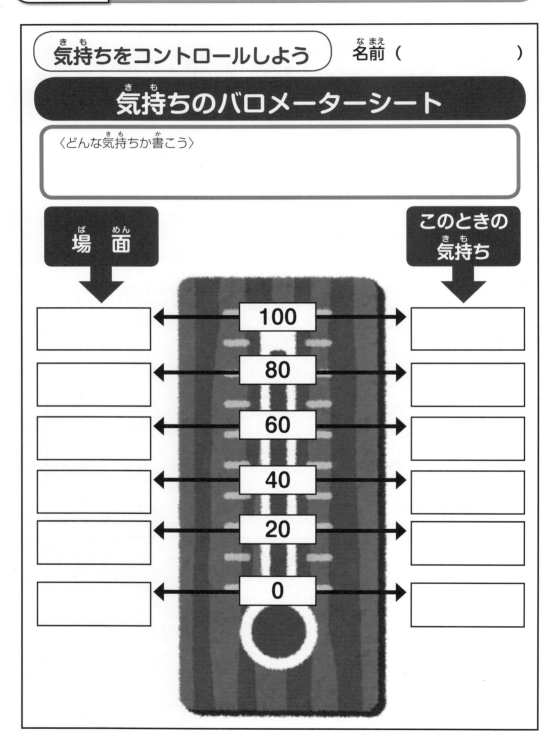

事例 C－13 (2)	「気持ちを切り替えよう」	気持ちの切り替えシート（例）

気持ちの切り替えシート

名前（　　　　　　　　　）

● どのようなときに気持ちが落ち込む？

（　　　　　　　　　　　　　　　　）

⬇

● どのような気持ちになる？

（　　　　　　　　　　　　　　　　）

☆ その気持ちを切り替える方法は？

（　　　　　　　　　　　　　　　　）

私の、気持ちの切り替えスイッチは

です。

121

事例 C-13 (3)	感情コントロールシート（例）
	「感情をコントロールしよう」

感情コントロールシート

名前（　　　　　　　　　　）

① 激怒してしまったときの応急処置

② 激怒する原因

③ 自分の特性の理解

④ 適切な、怒りの表現方法

⑤ ロールプレイを通して考えたこと

事例 C−14 (2) 　　　　　　　　　　ワークシート（例）

「ストレス解消法を知ろうⅡ」

私のストレス解消法

名前（　　　　　　　　　　）

ストレス	解消法
（例） 予定が変更になった	（例） 手帳に新たな予定をすぐ記入する

123

事例
C－15
(2)

私の説明書（例）

「私の説明書を作ろう」

私の説明書

名前（　　　　　　　　）

私のよいところは（　　　　　　　　　　　　　　　）

です。

（　　　　　　　　　　　　　）も得意です。しかし、

（　　　　　　　　　　　　　）は少し苦手です。

（　　　　　　　　　　　　　）をすることが難しいですが、

その時は（　　　　　　　　　　　　　　　　　）

のようなお手伝いをお願いしたいです。

そうすると、（　　　　　　　　　　　　）ができると

思います。

124

事例 D-17 (1) 「交代しながら話そう」

イラストのあるソーシャルナラティブ（例）

① Ａさんが話をしている。Ｂさんが話を聞いている。

② Ａさんが「Ｂさんはどう思う？」というと、「話す人」と「聞く人」が交代する。

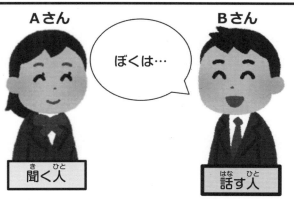

③ 次はＢさんが話をし、Ａさんが話を聞いている。

125

事 例
D－19
(3)

ワークシート（例）

「約束の大切さを考えよう」

約束について考えよう

名前（　　　　　　　　　　）

1. 事例1で、Aさんはどうすればよかったと思いますか？

2. 事例2を見て、Aさんのどんな行動が良かったと思いますか？

メモ

事例 E－22 (3)

ワークシート（例）

「長所と短所を説明しよう」

自己紹介チェック表

（　　　　　　　　）さん

◎：よくできた　　○：できた　　△：もう少し

項目	評価
声の大きさ	◎　　○　　△
目線	◎　　○　　△
姿勢	◎　　○　　△
長所が言えた	◎　　○　　△
短所が言えた	◎　　○　　△

〈受けたアドバイス〉

事例 F－24 (1)

ワークシート（例）

「身なりを整えよう」

身だしなみチェックリスト（自己点検用）

初級	名前（　　　　　　　　　）

◎：よくできた　　○：できた　　△：もう少し

1	朝、洗顔をしましたか	◎ ○ △
2	朝、歯を磨きましたか	◎ ○ △
3	爪は短いですか	◎ ○ △
4	髪は整っていますか	◎ ○ △
5	（男子）ひげは剃っていますか	◎ ○ △
6	昨晩、入浴しましたか	◎ ○ △
7	洗った服を着ていますか	◎ ○ △

メモ

事例 F−24 (2)

ワークシート（例）

「身なりのアドバイスをしよう」

身だしなみチェックリスト（他者点検用）

名前（　　　　　　　　　）

◎：よくできた　　○：できた　　△：もう少し

1	衣服は 整っていますか	◎　○　△	【コメント】	【チェックの基準】 ・裾が出ていないか ・しみやしわがないか
2	髪型は 整っていますか	◎　○　△	【コメント】	【チェックの基準】 ・長い髪は結んでいるか ・寝癖がついていないか
3	爪は 短いですか	◎　○　△	【コメント】	【チェックの基準】 ・爪が伸びすぎていないか ・深爪していないか
4	（男子）ひげは 剃っていますか	◎　○　△	【コメント】	【チェックの基準】 ・ひげがきれいに剃られているか

129

事例
F－24
(3)

ワークシート（例）

「理想の大人になろう」

理想の大人を目指そう

名前（　　　　　　　　　）

理想の大人の写真やイラストを貼りましょう

⬇

こうなるために

こうなるために

＜友達からのアドバイス＞

事例 F-25 (3)　　　ワークシート（例）

「身だしなみについて考えようⅡ」

名前（　　　　　　）

身だしなみについて考えよう

整髪料について
（必ず使用しなければならないものではありません。必要に応じて使用するようにしましょう。）
髪質や髪の長さに合わせて使い分ける。（自分の髪型に近いイラストを選んで記入しましょう）

例：ヘアスプレー

例：ヘアワックス

例：水、寝癖直しスプレー

香水
プライベートではつけても構わないが、仕事のときはつけない。

服装
仕事では職場から指定された服装にする。
プライベートでもTPOに合わせた服装を心掛ける。

131

事例 F−26 (1)　ワークシート（例）

「素敵な社会人になろうⅠ」

仕事にふさわしい服装について考えよう

名前（　　　）

＜全ての職種に共通して気を付けること＞

ワークシート（例）

「素敵な社会人になろうⅡ」

素敵な社会人になろう！

名前（　　　　　　　　）

○ 通勤の時に適している服装は

○ なぜそのような服装をしなければいけないのか

○ 気を付けることは

☆ 理想の社会人の服装の写真やイラストを貼りましょう

参考文献

- 自閉症スペクトラムソーシャルスキル・トレーニングＳＳＴスタートブック
- 発達障害のある子へのサポート事例集（小学校編）
- 発達障害のある子のサポートブック
- 「ＳＮＳ東京ルール」東京都教育委員会
- ＬＤ、ＡＤＨＤへのソーシャルスキルトレーニング
- 特別支援教育をサポートするソーシャルスキルトレーニング（ＳＳＴ）実践事例集
- 「いじめ防止教育プログラム」東京都教育委員会

- 東京学芸大学　特別支援科学講座　小笠原研究室 HP
  http://www.kei-ogasahara.com/

- 「国民のための情報セキュリティサイト」総務省
  http://www.soumu.go.jp/main_sosiki/joho_tsusin/security/

- 東京都職業能力開発協会
  http://www.tokyo-vada.or.jp/

- 一般社団法人　日本アンガーマネジメント協会ＨＰ
  https://www.angermanagement.co.jp/

- 「第 2 章 心のケア 各論」文部科学省
  http://www.mext.go.jp/a_menu/shotou/clarinet/002/003/010/004.htm

- 東京都障害者ＩＴ地域支援センターＨＰ
  http://www.tokyo-itcenter.com/

あとがき

―発達障害支援に本書を活用する先生方に向けて―

東京学芸大学教育学部　教授　奥住秀之

　特別支援教育の開始から、早くも10年以上が経過しました。発達障害のある幼児・児童・生徒への支援の重要性は、この間ますます高まるばかりです。そして、多くの支援領域の中でも、とりわけ対人関係やソーシャル・スキルなどについては、発達障害のある子供の多くが困難を示すところであり、どのようにしたらそのスキルを伸長することができるのか、教師が悩みながら実践に取り組んでいるところでもあります。

　本書は、発達障害や知的障害のある子供の自立と社会参加を目指して、教育実践に真摯に向き合っている一人の特別支援学校教師が、多くのエビデンスとデータをもとにして、試行錯誤しながら作成したものです。

　ページをめくるとすぐにお分かりいただけると思いますが、学校の先生方が手に取りやすく、また大変使いやすいものに仕上がっています。実践と結びつけやすいチェックリスト、そしてチェックリストの結果をダイレクトに活用できる豊富な指導事例。さすが、実践経験豊富な教師が作成した「教師支援ツール」と言えるでしょう。

　ところで、対人関係やソーシャル・スキルなどとの関連で言えば、新しい学習指導要領では、これまで以上に自立活動の重要性が注目されています。特別支援学校はもとより、特別支援学級でも自立活動を行うことが明示され、また通級による指導においては、自立活動を参考に指導を行うこととなりました。通級指導担当教師と通常の学級担任教師との連携が不可欠であるということを考えれば、もはや全ての教師が自立活動について一定の知識と実践力を必要とする時代になったということでしょう。

　本書は、特別支援学校や特別支援学級の教師はもちろんですが、小学校等の通常の学校で悩みながら発達障害のある子供と向き合っている教師にとって、きっと大きな武器となるはずです。

　今後の特別支援教育、発達障害支援において、子供一人一人に寄り添った教育実践がますます豊かに展開されていくことを期待して、そしてかけがえのない全ての子供の幸せな成長を願って、結びのことばといたします。

著者
宮田　愛（みやた　あい）

　　1981 年生まれ。福岡教育大学教育学部障害児教育教員養成課程修了、
2005 年 4 月に東京都で採用され、現職。
　　2016 年に東京都教育委員会にて本書の基となる「特別支援学校の生徒
の対人関係の力を向上させるための指導法の開発と検証～「生活適応支援
チェックリスト【知的障害特別支援学校版】」と「対人関係トレーニング
サポート集（TTST)」による高等部の職業の学習を通して～」の研究を行
う。2017 年に日本特殊教育学会にて「特別支援学校の生徒の対人関係の
力を向上させるための支援」についてポスター発表を行う。同年、広島大
学にて「障害のある児童生徒の対人関係力向上実践講座」の講師を務める。
また、同年「狛江市総合的な主権者教育計画策定検討委員会」の委員を務め、
2018 年には日本シティズンシップ教育フォーラム（J － CEF)の「シティ
ズンシップ教育推進人材養成講座」の講師を務める。

編集協力者

東京都教職員研修センター　研修部　教育経営課　統括指導主事　村上　卓郎

東京都立南大沢学園　　　副校長　吉池　久

東京学芸大学　　　　　　教　授　奥住　秀之

東京都立光明学園　　　　副校長　泉　愼一

表紙デザイン　小林　峰子

表紙イラスト　岡村　治栄

本文イラスト　みふねたかし（いらすとや）

教師のための対人関係トレーニングサポート集

ＴＴＳＴ

発達障害のある子供への対人関係トレーニングに取り組む教師を支援

平成 31 年 1 月 29 日　初版第 1 刷発行
令和 5 年 10 月 23 日　第 4 刷発行

著　　　　　宮田　愛
発 行 人　加藤　勝博
発 行 所　株式会社ジアース教育新社
　　　　　〒101-0054　東京都千代田区神田錦町 1-23　宗保第 2 ビル
　　　　　TEL：03-5282-7183　FAX：03-5282-7892
　　　　　E-mail：info@kyoikushinsha.co.jp
　　　　　URL：http://www.kyoikushinsha.co.jp/

DTP　株式会社彩流工房
印刷・製本　三美印刷株式会社

Ⓒ Ai Miyata 2019，Printed in Japan
ISBN978-4-86371-488-5

○定価はカバーに表示してあります。
○乱丁・落丁はお取り替えいたします。（禁無断転載）